*Kleine Paradiese
an der Ostsee*

Bibliografische Informationen der Deutschen Nationalbibliothek
Die Deutsche Nationalbibliothek verzeichnet diese Publikation in der Deutschen Nationalbibliografie; detaillierte bibliografische Daten sind im Internet über http://dnb.d-nb.de abrufbar.

ISBN: 978-3-86408-250-4
Grafisches Gesamtkonzept, Titelgestaltung, Satz und Layout:
Stephanie Raubach

Alle Fotos © Peter Rieprich, außer:
S. 182 horizonte_zingst Oliver Nieschulz
Alle Karten: © GeoBasis-DE / BKG 2014

Edwine Bollmann · Peter Rieprich

Kleine Paradiese an der Ostsee

22 Versuchungen, dem Alltag zu entfliehen

VERGANGENHEITSVERLAG

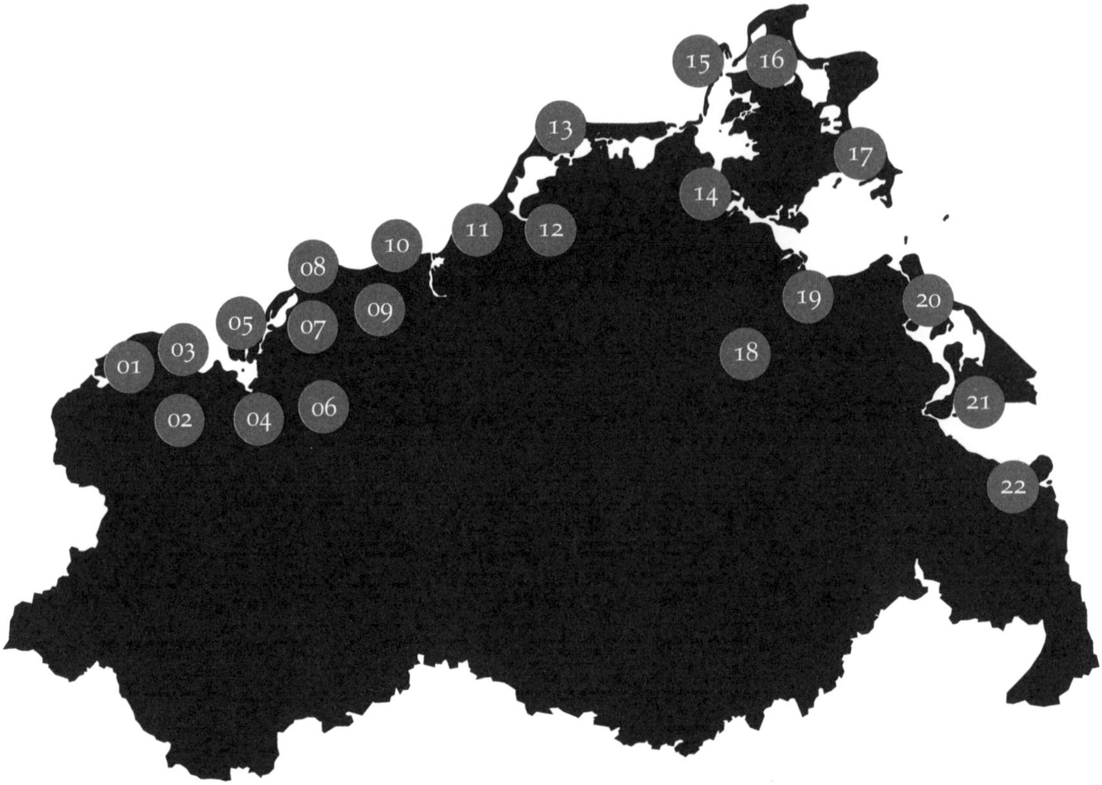
01
02
03
04
05
06
07
08
09
10
11
12
13
14
15
16
17
18
19
20
21
22

Inhalt

Entdeckungen an der Küste Mecklenburg-Vorpommerns

Die Küste Mecklenburg-Vorpommerns vom Klützer Winkel in Nachbarschaft zu Schleswig-Holstein im Westen bis zum Stettiner Haff an der polnischen Grenze im Osten ist ein prosperierendes Urlaubsgebiet. Immer mehr Menschen entdecken den Freizeit- und Erholungswert dieser einzigartigen Region mit ihren zahlreichen Aspekten. Die Landschaft ist dünn besiedelt und bietet jede Menge Einsamkeit für individuelle Ferienerlebnisse abseits von Menschenmengen.

Die offene Ostsee, Buchten, Bodden, Haffs, Wiecken, Inseln, Flusslandschaften und Bachtäler – die Küste Mecklenburg-Vorpommerns beeindruckt auf 2.000 Kilometern Küstenlinie mit einem Landschaftsbild, wie es unterschiedlicher nicht sein kann. Zahlreiche Nationalparks, Naturparks, Natur- und Landschaftsschutzgebiete sind eingerichtet, um die Artenvielfalt von Flora und Fauna in den vielen unterschiedlichen Biotopen zu schützen und zu erhalten. Ein Abenteuerland für Naturfreunde, die sich radelnd, mit dem Kanu oder per Pedes diesen Lebensräumen behutsam nähern können.

Besonders beliebt sind die Küstenorte der Inseln Usedom und Rügen mit ihren feinsandigen Badestränden, den Seebrücken und der eleganten Bäderarchitektur, die noch einen Hauch von Nostalgie verbreiten. Die beschaulichere autofreie Insel Hiddensee und die Insel Poel werden vorrangig von Tagestouristen besucht, was ihrem Charme keinen Abbruch tut. Auf dem Festland sind es vor allen die Orte Kühlungsborn und Boltenhagen, die sich nach der Wende zu Touristen-Hotspots entwickelt haben. Aber all diesen Orten ist gemein, dass nach einem ausgiebigen Strandtag auch in der Saison am frühen

Abend Ruhe einkehrt. Für viele Urlauber ist das Beobachten des Sonnenunterganges von einer Seebrücke oder der Steilküste das absolute Highlight und der schönste Ausklang des Tages. Daneben bieten auch viele kleinere Küstenorte dem Urlauber vielfältige Möglichkeiten bei der Suche nach Ruhe und Entspannung.

Die stolzen Hansestädte Wismar, Rostock, Stralsund und Greifswald haben mit ihrer Historie und den bombastischen Zeugnissen der Backsteingotik, ihren wunderschönen Marktplätzen und Giebelhäusern eine ganz besondere Anziehungskraft. Doch auch die vielen in der Landschaft verstreuten Schlösser, Herrenhäuser, Kirchen und reetgedeckten Gutshöfe mit ihren Hofläden in den kleinen Dörfern haben ihren Reiz. Auf abenteuerlichen buckeligen Chausseen, Sand- und Kopfsteinpflasterwegen ist die Anfahrt oft beschwerlich, doch die Mühe wird belohnt, wenn sich dann wunderschöne, liebevoll restaurierte Gebäude in der Landschaft zeigen, die als Hotels, Ferienwohnungen, Museen, Restaurants oder Veranstaltungsräume genutzt werden. Nur wenige Kilometer vom Trubel der Küste entfernt kann man hier je nach Gusto luxuriös oder rustikal herrlich entspannen und die Seele baumeln lassen.

Wir würden uns freuen, wenn wir für Sie einige Perlen in dieser wundervollen Küstenlandschaft entdecken konnten.

Entdeckungs-tour durchs Hinterland

Ruhig liegen die Fischerboote in der Stepenitz, die hier in den Dassower See mündet. Ein hervorragender Ausgangspunkt für eine Tour durch den Klützer Winkel. Entlang der Route beeindrucken Schlösser und Herrenhäuser, die heute als Hotel den Besucher fürstlich empfangen, als Museum vergangene Zeiten wieder aufleben lassen, oder in denen kulturelle Events präsentiert werden. Insbesondere das Städtchen Klütz bietet kulturell Interessierten mit dem Schloss Bothmer, dem Literaturhaus oder der alten Molkerei vielerlei Abwechslung.

Kleinode in der Landschaft

Der Klützer Winkel liegt südlich der Lübecker Bucht und ist der westlichste Zipfel der Mecklenburg-Vorpommerschen Ostseeküste. Zwischen Lübeck und Wismar erstreckt sich die hügelige Landschaft, die von Acker- und Weideflächen dominiert wird, nachdem im 12. und 13. Jahrhundert weite Waldgebiete gerodet wurden. Höchste Erhebung ist der Hohe Schönberg mit 89 Metern Höhe. Südlich von ihm erstreckt sich der Leonorenwald, ein mooriges, feuchtes Landschaftsschutzgebiet mit Hünengräbern und zwei Mammutbäumen als Besonderheiten.

Fast vis-à-vis von Travemünde, im Mündungsbereich der Trave versteckt sich im Ort Groß-Schwansee ein kleines Juwel: das Schlossgut Groß Schwansee. Es erwartet seine Hotelgäste in zehn historischen Zimmern und Suiten in einem Schloss aus dem Jahre 1745 und weiteren Zimmern in einem modernen Nebengebäude. Hier trifft Tradition auf Moderne. Der weitläufige Schlosspark und der nahe Ostseestrand laden zum Spaziergang ein. Kleine Ruheoasen mit Blick auf die Seerosen und Fontäne des Natursees stehen den Gästen ebenso wie eine Boulebahn und ein Badmintonplatz zur Verfügung. In einem ehemaligen Pferdestall sorgt ein Bistro für Gaumenfreuden.

Südlich von Groß-Schwansee, im Landesinneren, liegt eingebettet in ein riesiges Waldgrundstück Schloss Kalkhorst, ein Backsteinbau aus dem 19. Jahrhundert, reich versehen mit Giebeln, Erkern und Türmchen. Der Schlosspark, nach dem Vorbild englischer Landschaftsgärten angelegt, verfügt über ein artenreiches Arboretum unter anderen mit Riesenmammut, Atlas-Zeder, Ginkgo und Douglasien. Im Park herrscht eine himmlische Ruhe, die nur durch das Gezwitscher zahlreicher Vogelarten untermalt wird.

Schloss Bothmer, südlich von Klütz, ist wohl das bekannteste der Schlösser im Klützer Winkel. Der Diplomat Graf Hans Caspar von Bothmer setzte sich hier Ende des 18. Jahrhunderts mit

dem Bau dieses prächtigen Schlossensembles in barocker Backsteinarchitektur ein Denkmal. Es ist als Museum und Ausstellungsort geöffnet. Der sieben Hektar große Schlosspark dient im Sommer als grüne Kulisse für hochkarätige Konzerte der Festspiele Mecklenburg-Vorpommern. Orangerie und Reitstall sind ideale Orte für besondere Events.

Heute werden Hotel- und Restaurantgäste im Schlossgut Groß Schwansee empfangen

Der weitläufige Park des Schloss Kalkhorst lädt zu Spaziergängen und zum Verweilen ein

Nur wenig südlich von Schloss Bothmer ist seit 1996 das Hotel Gutshaus Stellshagen der Geheimtipp für auf Nachhaltigkeit bedachte Gäste. Als vegetarisches Biohotel mit eigener Landwirtschaft und naturheilkundlichem Gesundheitszentrum ist es prädestiniert für eine perfekte Auszeit. Das denkmalgeschützte Gutshaus ist Mittelpunkt eines Ensembles mehrerer Gebäude mit Gästezimmern und Ferienwohnungen, einem Saunahaus mit Naturbadeteich sowie einem Ayurveda-Bereich. Die Ge-

bäude sind unter baubiologischen Gesichtspunkten gestaltet. Die Speisen im Café und Restaurant sind zu hundert Prozent Bio-Qualität. Ein idealer Ort zwischen Wiesen und Feldern die Stille zu genießen. Ein etwa zwei Kilometer weiter Wanderweg verbindet Schloss Bothmer mit dem Gutshaus Stellshagen.

Im Schloss Bothmer informiert ein Museum die Besucher

Klütz, der kulturelle Mittelpunkt

Das Uwe Johnson Literaturhaus ist Austragungsort des jährlichen »Klützer Literatur Sommer«. Das in einem circa 1890 erbauten ehemaligen Getreidespeicher etablierte Literaturhaus versteht sich als Forum für kulturelle Aktivitäten. Lesungen,

Das Literaturhaus Klütz widmet sich dem Andenken an den Schriftsteller Uwe Johnson

Filme, Ausstellungen und Workshops locken regelmäßig kulturell und literarisch interessierte Besucher an. Eine Dauerausstellung bietet einen facettenreichen Einblick in das Leben des mit vielen Preisen ausgezeichneten Schriftstellers Uwe Johnson, der in Vorpommern aufgewachsen ist und in Mecklenburg die Schule besucht hat. Weiterhin sind die Stadtinformation und die Stadtbibliothek im denkmalgeschützten Speicher untergebracht.

In und um Klütz haben sich auch viele Künstler angesiedelt, die dem Trubel der Ostseeküste entgehen wollten. So befindet sich schräg gegenüber dem Literaturspeicher am Markt die »Galerie la Cantinita« der Malerin und Flamencotänzerin Ana Sojor. Neben den Werken anderer Künstler präsentiert sie hier ihre ausdrucksstarken Gemälde, gibt Mal- und Flamenco-Unterricht und lässt sich beim Malen schon mal über die Schulter schauen. Im Kunst- und Kulturhaus »Alte Molkerei« präsentiert die Produzentengalerie Catrin Freuschle Produkte ganz unterschiedlicher Manufakturen vom Hutdesign über

Mode, Accessoires und Keramik präsentiert die Produzentengalerie in der »Alten Molkerei«

links Kunst und Gaumenfreuden, erlebbar in der »Galerie la Cantinita«

rechts Hier kann man auch der Künstlerin bei der Arbeit zuschauen

Gartenskulpturen, Keramik oder Modeaccessoires. Auch die Textildesignerin Janne Brandt betreibt ein Atelier nahe der Kirche in Klütz.

Die kleine Kirche mit einem Turm mit achteckigen Helm, auch Bischofsmütze genannt, verfügt über einen Taufstein aus dem 13. Jahrhundert. Die Kanzel mit den Wappen der umliegend ansässigen Adelsgeschlechter datiert aus dem 16. Jahrhundert, der eindrucksvolle Barockaltar wurde 1730 in Wismar hergestellt.

Überall im Stadtgebiet und Umland sind wunderschön bepflanzte Blumenkübel zu bewundern. Sie stammen aus der Staudengärtnerei »Klützer Blumenkate«, die über ein Sortiment von etwa 700 verschiedene Staudenarten verfügt, die in einer denkmalgeschützten Hofanlage aus dem Jahre 1846 in einem Schaugarten präsentiert werden.

Aber auch Kleinbahn-Fans kommen in Klütz auf ihre Kosten. Mit der historischen Schmalspurbahn »De lütt Kaffeebrenner« geht die Fahrt von Klütz, vorbei an Schloss Bothmer bis Reppenhagen. Als Wahrzeichen von Klütz aber gilt die Klützer Mühle. Eine Galerie-Holländer-Windmühle, erbaut im Jahre 1904 auf

dem 32 Meter hohen Mühlenberg. Von hier schweift der Blick über die Stadt bis hin zur Ostsee. Die Mühlenbesitzer betreiben ein unter Denkmalschutz stehendes Restaurant, welches sich großer Beliebtheit erfreut. Die Möblierung und die Terrazzoplatten aus DDR-Zeiten durften bei der Renovierung nicht entfernt werden und so ist das Restaurant auch ein Stück Museum.

Die Klützer Mühle beherbergt auch ein Restaurant

Einst eine Stadt im Sperrgebiet

Dassow war einst die nordwestlichste Stadt der DDR und lag bis Ende 1989 inmitten des Sperrgebietes der DDR-Grenze. Der Zugang zum Dassower See, einer Seitenbucht der Traveförde blieb den Einwohnern verwehrt. Seine Uferlinie bildet die Grenze zwischen Schleswig-Holstein und Mecklenburg-Vorpommern. Aufgrund dieser isolierten Lage konnten sich Flora und Fauna in diesem Gebiet prächtig entwickeln und heute stehen der See und seine Uferbereiche unter Naturschutz. Der Dassower See gilt als eines der größten Vogelschutzgebiete Deutschlands. Circa 30 Entenarten sind hier beheimatet und nordische Wasservögel nutzen den See mit seinen beiden Inseln als Rastplatz oder Winterquartier. Geführte Wanderungen ver-

Der Strand bei Barendorf bietet viel Platz für ein erfrischendes Bad

Nicht nur Tiger sondern auch Tiere zum Anfassen gibt es im Tigerpark Dassow

mitteln naturkundliche Kenntnisse ebenso wie Eindrücke zur ehemaligen innerdeutschen Grenzgeschichte. Einige Ortsteile von Dassow liegen direkt am Naturstrand der Lübecker Bucht und sind frei von Kurtaxenabgaben.

Ein Erlebnis-Highlight für Kinder ist sicherlich der kleine Tigerpark in Dassow, der neben den beeindruckenden Raubkatzen unter anderen auch Dromedare, Ponys, Ziegen, Lamas und Federvieh hält. Viele Spielmöglichkeiten sowie ein Mitmachzirkus lassen keine Langeweile aufkommen.

In der Gemeinde Harkensee, umgeben von Naturschutzgebieten und nur 3 Kilometer vom Ostseestrand entfernt, befindet sich das in einem schönen Garten gelegene Gutshaus Harkensee, wo Ferienapartments und Zimmer angeboten werden, ein optimaler Ausgangspunkt für die Erkundung dieser reizvollen Landschaft.

Tipps Klützer Winkel

ANREISE:
Mit dem Auto: A20 bis Abfahrt Grevesmühlen, weiter die L03 nach Klütz

Mit dem Bus: verschiedene Buslinien ab Grevesmühlen, Lübeck oder Wismar

ÜBERNACHTEN:
Schlossgut Groß Schwansee,
Am Park 1,
Groß Schwansee

Hotel Gutshaus Stellshagen,
Lindenstraße 1,
Stellshagen

Gutshaus Harkensee,
Straße der Freundschaft 1,
Dassow

GASTRONOMIE:
Klützer Mühle,
An der Mühle 36, Klütz

KULTUR:
St. Marien-Kirche,
Predigerstraße 8, Klütz

Uwe Johnson Literaturhaus,
Im Thurow 14, Klütz

Schloss Bothmer,
Am Park, Klütz

Galerie la Cantinita,
Am Markt 3, Klütz

Kunst- und Kulturhaus
Alte Molkerei,
Lübecker Straße 3, Klütz

FREIZEITAKTIVITÄTEN:
Ausflug mit der Schmalspurbahn,
Bahnhofstr. 4, Klütz

Tigerpark Dassow,
Gewerbestraße 35 – 53,
Dassow

WELLNESS:
Yogastudio Susann Schramm,
Im Thurow 18, Klütz

SHOPPING:
Textile Unikate Janne Brandt,
Predigerstraße 14, Klütz

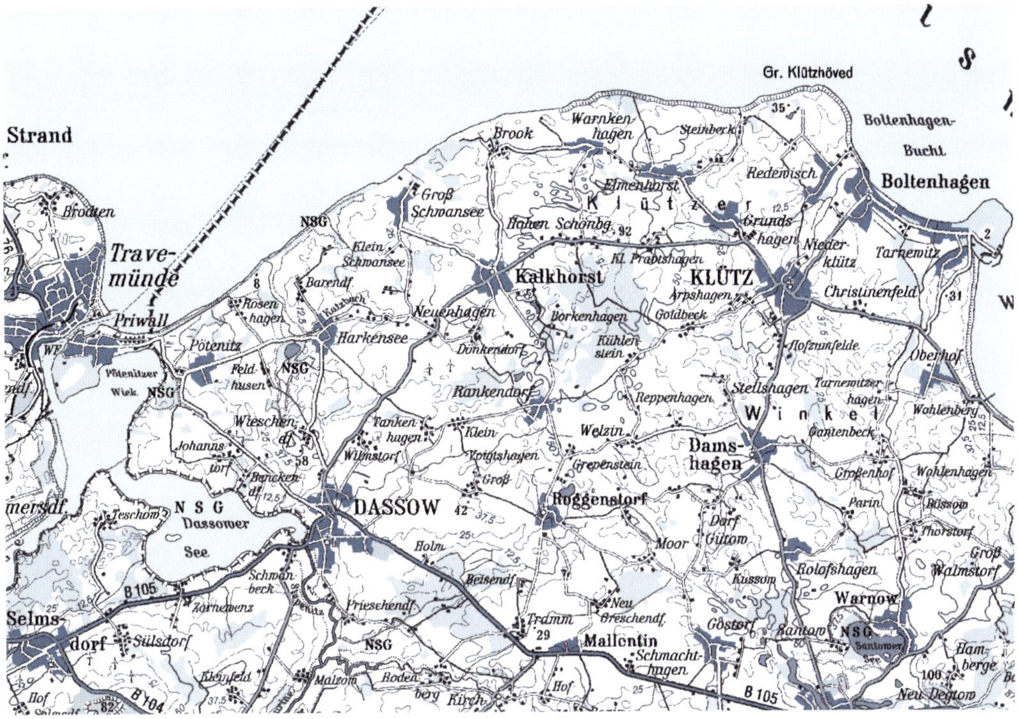

Staudengärtnerei »Klützer Blumenkate«, Im Thurow 10, Klütz

Produzentengalerie
Catrin Freuschle,
Lübecker Straße 3, Klütz

WEITERE INFOS:

www.kluetzer-winkel.de

An der Sagen- und Märchenstraße

Sie ist nicht so leicht zu entdecken und leider auch nicht zu besichtigen, die Mühle, die dem Ort ihren Namen gab. Um Näheres über die Historie von Grevesmühlen zu erfahren, muss man sich ins Stadtmuseum in der alten Schule direkt neben der Kirche bemühen. Auch wem der Sinn mehr nach Natur oder Erleben steht, wird in Grevesmühlen und der näheren Umgebung fündig: Es gibt so einiges zu entdecken, vom Piraten-Open-Air bis zum Steinzeitdorf Kussow.

Historie trifft Kunst

Umgeben von Naturschutzgebieten, wie dem Kalkflachmoor mit den Tongruben bei Degtow, einem Lebensraum für eine Vielzahl selten gewordener Pflanzen und Tiere, dem Questiner Wald mit seinem Wildgehege und Kranichen, die sich hierhin zum Brüten zurückziehen oder dem Everstorfer Forst mit Großsteingräbern aus der Jungsteinzeit und einem archäologischen Lehrpfad, ist Grevesmühlen ein abwechslungsreiches Ausflugsziel. Wald mit allen Sinnen erleben heißt es in der waldpädagogischen Erlebnisstätte in Gostorf, nur zwei Kilometer westlich von Grevesmühlen.

Nur etwa 15 Kilometer von der Ostsee entfernt lockt Grevesmühlen, eine der ältesten Städte Mecklenburgs, Besucher mit ihren Besonderheiten an. Das Wahrzeichen der Stadt, die 30 Meter hohe Holländer-Mühle von 1878, kann leider nicht besichtigt werden. Sie ist seit 1997 in Privatbesitz und wird als Wohnung und Design-Atelier genutzt.

Aber auch das Stadtbild ist durchaus sehenswert mit seinen Fachwerkhäusern und Gründerzeitgebäuden aus dem 18. und 19. Jahrhundert. Das Städtische Museum, untergebracht in einem sanierten ehemaligen Schulgebäude von 1854, informiert über die Stadtgeschichte. Eine Dauerausstellung über die »Cap Arcona«, ein 1945 gesunkenes Schiff mit KZ-Häftlingen an Bord und deren zentrale Gedenkstätte am Tannenberg in Grevesmühlen, sowie wechselnde Sonderausstellungen ergänzen das kulturelle Angebot.

Beim Bummel durch den 10.000-Seelen-Ort trifft man immer wieder auf Kunstwerke, die einen Kunstwanderweg durch die Innenstadt bilden. Fast alle Objekte haben einen direkten Bezug zur Stadt. Zwei langgezogene Seen direkt im Ortsbereich sorgen für Naherholung. Da der Ploggensee im Gegensatz zum Vielbecker See über eine bessere Wasserqualität verfügt, wurde hier ein kleines Freibad eröffnet, das sich großer Beliebtheit erfreut. Direkt daneben schaut man

oben Auf dem Kunstpfad kann man Grevesmühlen entdecken

unten Stadtgeschichte hautnah erleben: das Museum in der ehemaligen Schule

Immer in ruhigem Gewässer: baden und paddeln im Ploggensee

von der Terrasse des Restaurants »Seeschlösschen« auf das ruhige Wasser des Sees und kann beim Genuss von Speis und Trank wunderbar entspannen bevor es möglicherweise auf den Rad- und Wanderweg rund um den Poggensee geht.

Piraten erobern die Stadt

Eine Reise durch das Sagen- und Märchenland Mecklenburg-Vorpommern ist immer mit ganz besonderen Erlebnissen verbunden. Landschaft und Städte entlang der Sagen- und Märchenstraße erscheinen dann noch einmal in einem ganz anderen Licht. Auch Grevesmühlen liegt an dieser Route. Schuld daran ist der Pirat Capt'n Flint, der hier jedes Jahr von Juni bis September auf der Suche nach einem Schatz sein Unwesen treibt und immer neue Abenteuer erlebt. Das Action-Openair-Theater mit einem Bühnenbild von über 9.000 Quadratmetern ist Kulisse für die fesselnde Geschichte mit waghalsigen Fechtkämpfen und zahlreichen spektakulären Spezialeffekten.

Spektakuläre Action bietet das Piraten-Open-Air-Theater

Eine Adresse für ruhesuchende Vegetarier

Im Örtchen Parin, nördlich von Grevesmühlen, belohnt der Besuch des »Hotel Gutshaus Parin« für die beschwerliche Anfahrt über einspurige enge Holperwege. Gesundheitsbewusste Gäste genießen die Abgeschiedenheit, die vegetarische Gutshausküche und die Auswahl naturheilkundlicher Behandlungen. Zum Wohlbefinden tragen auch der 25 Meter lange Badeteich, der durch ein beeindruckendes Seerosenbecken flankiert wird, und eine Sauna im Zirkuswagen sowie ein Ruhewagen zum Entspannen bei.

Ländliche Idylle und vegetarische Ernährung im Gutshaus Parin

Ruhe und Entspannung findet der Gast im und am Pool

Steinzeitdorf Kussow – viel Liebe zum Detail

Geschichte erleben, heißt es im 1996 bis 1998 rekonstruierten Steinzeitdorf in Kussow, nordwestlich von Grevesmühlen. Mittelsteinzeitliche Hütten und jungsteinzeitliche Hausrekonstruktionen wurden hier liebevoll gestaltet und vermitteln

Anschauliche Darstellung des Lebens vor tausenden Jahren im Steinzeitdorf Kussow

einen lebendigen Eindruck über die Lebensweise der Jäger und Sammler. Die Region war schon seit der Jungsteinzeit besiedelt, Großsteingräber am Everstorfer Forst zeugen noch davon. Werkzeuge und Jagdwaffen wie Bogen und Speer, Weben und Töpfern können direkt ausprobiert werden. Alte Haustierrassen wie das Wollschwein oder Schafe fühlen sich im Steinzeitdorf heimisch und füllen es für die Besucher mit Leben. An einem offenen Feuer können Würste am Spieß gegrillt werden und auf den Picknickbänken kann man das steinzeitliche Ambiente auf sich wirken lassen. Wer noch mehr Wissensdurst über vergangene Zeiten stillen möchte, der besucht das benachbarte Fossileum, eine Ausstellung von Fossilien aus Nord- und Mitteleuropa, die der Betreiber in 20 Jahren zusammengetragen hat.

Ein mecklenburgisches Künstlerhaus

1763 lässt Freiherr von Stenglin das heutige Schloss Plüschow südöstlich von Grevesmühlen als Sommersitz erbauen. Nach Besitzerwechseln und mannigfaltigen Nutzungen fand 1988 eine erste Kunstausstellung im Schloss statt. 1990 gründete sich ein Förderverein, der das Schloss in den folgenden Jahren umfangreich sanieren ließ. Drei klassizistische Öfen etwa aus den Jahren um 1810 sind im Obergeschoss noch erhalten, ebenso wie Rokoko-Stuckdecken im Erdgeschoss.

Ziel des Fördervereins ist es, in historischer Architektur innovative künstlerische Programme zu entwickeln, den internationalen Künstleraustausch zu fördern sowie Symposien und Workshops zu veranstalten. Fünf Wohneinheiten stehen für Stipendiaten zur Verfügung oder können für Arbeitsaufenthalte angemietet werden. Welch herrschaftliches Ambiente!

Das hat sich auch das Grevesmühlener Standesamt gedacht und nutzt das Anwesen gern für Trauungen.

Moderne Kunst in klassischem Gebäude: das Künstlerhaus Plüschow

Tipps Grevesmühlen

ANREISE:
Mit dem Auto: Autobahn A20
bis Abfahrt Grevesmühlen

Mit der Bahn: mit dem
Regionalexpress von Lübeck
oder Bad Kleinen

ÜBERNACHTEN:
Hotel Gutshaus Parin,
Wirtschaftshof 1,
Parin

GASTRONOMIE:
Restaurant Seeschlösschen,
Am Poggensee 7,
Grevesmühlen

KULTUR:
Museum,
Am Kirchplatz 5,
Grevesmühlen

Schloss Plüschow,
Mecklenburgisches Künstlerhaus,
Am Park 6,
Plüschow

FREIZEITAKTIVITÄTEN:
Steinzeitdorf Kussow,
Kussower Weg,
Kussow

Fossileum,
Kussower Weg 9,
Kussow

Piraten Action-Open-Air-Theater,
Schweriner Landstraße 15,
Grevesmühlen

Freibad,
Am Poggensee 5,
Grevesmühlen

WEITERE INFOS:
www.grevesmuehlen.info

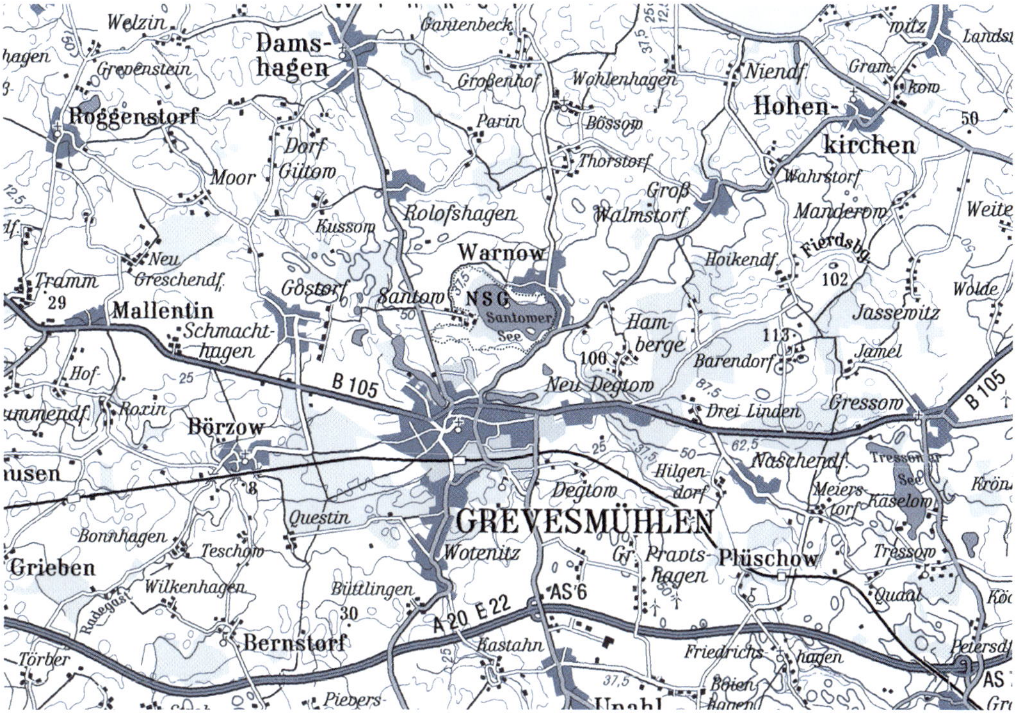
Welzin
Gantenbeck
Dams-
hagen
Grevenstein
Großenhof
Wohlenhagen
Niendf.
Gram-
kow
Hohen-
kirchen
Roggenstorf
Parin
Bössow
Dorf
Gültow
Thorstorf
Moor
Groß
Walmstorf
Wahrstorf
Manderow
Rolofshagen
Kussow
Warnow
Hoikendf.
Fierdsbg.
Neu
Greschendf.
Tramm
Gostorf
Santow
NSG
Santower
See
102
Wolde
Jassewitz
29
Mallentin
Schmacht-
hagen
Ham-
berge
100
113
Barendorf
Jamel
Hof
B 105
Neu Degtow
Drei Linden
Gressow
Roxin
Börzow
Naschendf.
Hilgen-
dorf
Degtow
Meiers-
torf
Käselow
Questin
GREVESMÜHLEN
Bonnhagen
Teschow
Grieben
Wotenitz
Gr. Pravts-
hagen
Plüschow
Tressow
Wilkenhagen
Büttlingen
AS 6
Quaal
30
A 20 E 22
Bernstorf
Kastahn
Friedrichs-
hagen
Törber
Petersdf.
Boien-
hagen
Piebers-
Upahl

KAMERUN
PuK electronic GmbH

Ein Sehnsuchtsort für Familien

Ruhig liegen die Fischkutter am Anleger im Hafen der Weißen Wiek. Das Tagwerk der Fischer ist vollbracht und der Fang abtransportiert. Wer den fangfrischen Fisch probieren möchte, braucht sich nicht weit zu bewegen. Direkt am Anleger bietet der Fischereihof Kamerun die Köstlichkeiten der Ostsee an. Für diejenigen, die selbst einmal mit den Fischern hinausfahren möchten, bietet der Kutter »Uschi« dreistündige Touren an.

»... der führt getrost nach Boltenhagen«

Die Ostsee, eines der kleinsten Meere der Welt, verfügt über weniger Salzgehalt als andere Meere. Für die geschützte Lage des Gebietes um Boltenhagen mit seiner waldreichen Umgebung sind durch das Zusammenspiel von Schon- und Reizfaktoren die Voraussetzungen für erfolgreiche Klimakuren gegeben.

Das Ostseebad Boltenhagen gilt nach Heiligendamm als zweitältestes Seebad an der Ostsee. Bereits 1803 begründete Graf Bothmer die Badekultur, indem er einen Badekarren am Strand aufstellen ließ. 1810 vermieteten schon die ersten Bauern ihre guten Stuben an Feriengäste, während sie selbst in ihren Wirtschaftsgebäuden nächtigten und 1838 begrüßte das erste Logierhaus »Hotel Baltique« in dem etwa zehn Häuser umfassenden kleinen Fischerdorf Badegäste. Es folgten bald weitere. 1830 verschlug es den Wismarer Pfarrer Johann Joachim Hartwig Meyer nach Boltenhagen, der sich fortan für den Ausbau des Ortes zum Familienbad, im Gegensatz zu den Luxusbädern der

Humorvolle Eigenwerbung eines der ältesten Ostseebäder

Adeligen in Heiligendamm und Putbus, einsetzte. Bereits 1845 gab es ein erstes Kurhaus. Die Zahl der Feriengäste wuchs und seit 1855 frequentierte auch ein prominenter Gast regelmäßig den Ferienort: der Dichter Fritz Reuter. Seine Zeilen: »Wer mal sin Nerven will upfrischen, wer mal sin Sorgen möchte wegwischen, wer plägen will sinen Magen, der führt getrost nach Boltenhagen« könnten ein Credo für den Badeort sein. Damals wie heute bietet Boltenhagen, das seit 1998 den Titel »Staatlich anerkanntes Seeheilbad« tragen darf, mit seinem milden Reizklima eine gute Basis für den Gesundheitstourismus. Bereits 1882 standen die ersten Strandkörbe für Badegäste bereit und eine erste Seebrücke zum Anlanden von Ausflugsdampfern entstand 1911.

Familienglück am Meer

Boltenhagen ist der perfekte Urlaubsort für Familien mit Kindern. In der windgeschützten Boltenhagenbucht finden Nichtschwimmer und Kinder optimale Badebedingungen vor. Das Wasser hat nur geringen Salzgehalt und ist weit ins Meer hinein sehr flach und zum Planschen geeignet. Der feine, weiße Strand lädt zum Buddeln und Spielen ein. Und während sich die Kleinen vergnügen, können die Eltern getrost im Strandkorb relaxen. Überhaupt sind die Kinder in Boltenhagen die Hauptpersonen. An der Strandpromenade ist für die Kleinsten regelmäßig der Kaspar zu Gast auf der Freilichtbühne, die in filigraner weißer Pracht der Bäderarchitektur eine nette Kulisse bietet. Die Bäderbibliothek im Kurhaus, nur wenig von der 290 Meter ins Meer ragenden Seebrücke entfernt, steht Leseratten zur Verfügung und für mutige Kinder mit großem Be-

Ein vielfältiges Unterhaltungsprogramm kann man auf der Freilichtbühne im Kurpark erleben

wegungsdrang geht es in den Kletterpark direkt an der Promenade, wo fünf verschiedene Parcours mit unterschiedlichen Schwierigkeitsgraden eine abwechslungsreiche Herausforderung sind. Ein Basejump aus zehn Metern Höhe, ein elf Meter hohes Kletternetz oder eine 80 Meter lange Seilbahn in atemberaubender Höhe vermitteln Abenteuer pur. Boltenhagen entdecken auf einer Schatzsuche können schon Kinder ab fünf Jahre, per Geocaching mit einem GPS-Gerät ab sechs Jahre und auf Agentenjagd gehen dann die Zehnjährigen. Spaß für die ganze Familie gibt es im nördlichen Stadtteil Redewisch beim Trendsport SwinGolf, einer etwas vereinfachten Art des Golfspielens. Der Platz ist bequem mit der Bäderbahn »Carolinchen« erreichbar. Wenn die Sonne mal nicht scheint, bietet das Buddelschiffmuseum ganz andere Perspektiven. Neben einer Ausstellung von über 220 Buddelschiffen mit Schiffsmodellen aus unterschiedlichen Epochen, können Interessierte auch unter Anleitung eigene maritime Wunderwerke vollbringen.

Kleiner Ort mit großem Charme

Boltenhagen brilliert geradezu mit seinem Erscheinungsbild. Zwei parallel verlaufende Promenaden säumen den Kurpark und ziehen sich weit entlang der Boltenhagenbucht. Weiße Bänke laden zum Verweilen ein, Blumenrabatten sind immer wieder ein Blickfang. An der Mittelpromenade reihen sich pittoreske wunderschöne Häuschen in ganz unterschiedlicher Architektur mit kleinen Lädchen oder Gastronomiebetrieben aneinander. Kein Gebäude darf hier höher als die Baumkronen sein. Ein wahres Puppenstuben-Ambiente. Hierhin passt perfekt die Buchhandlung und Galerie in einem hübschen Pavillon am Weg zur Seebrücke oder das Café Pralinchen & Co. nahe

Der Kurpark lädt zu entspanntem Verweilen ein

Bücher und Kunst gibt es bei »Buch im Kurpark«

dem Kurhaus. Bei handgefertigten Pralinen, hausgemachten Kuchen und Sanddorn-Spezialitäten lässt es sich dort gut aushalten. Ernährungsbewusste Urlauber finden ihr Eldorado in der Ostseeallee Richtung Ortsteil Tarnewitz. Bei Stellshagen & Meer gibt es neben Bio-Produkten zum Frühstück und Mittagstisch auch hochwertige Naturtextilien und wer sich auch spirituell in Form bringen möchte besucht einfach die Meditationskurse von Annette Kapschütz dienstags an der Seebrücke Boltenhagen und samstags an der Steilküste von Redewisch, was sich gleich mit einem schönen Strandspaziergang verbinden lässt. Die zertifizierte Yogalehrerin Susann bietet von Mai bis September um 8.30 Uhr Yogakurse am Strand an der Seebrücke an.

Die Weiße Wiek

Wem es dann in der Hochsaison vielleicht doch etwas zu lebhaft rund um die Seebrücke ist, dem sei die »Weiße Wiek« an der Marina Boltenhagen empfohlen. Südöstlich des Naturschutzgebietes Tarnewitzer Huk schmiegt sich der Yachthafen in eine kleine Bucht an der Wohlenberger Wiek. Die hier liegenden Yachten können sich sehen lassen, ebenso wie die weißen Hotelanlagen mit Zimmern und Ferienwohnungen, die den Kai säumen. Der kleine Fischereihafen am Rande ist mit seinen roten Fischerhütten ein tolles Fotomotiv. Der Küstenfischer in vierter Generation Uwe Dunkelmann nimmt sogar Gäste mit

Sonnenbaden oder hinein ins kühle Nass: die Badebucht an der Weißen Wiek

auf seinen Fischzügen. Morgens um 6 Uhr sticht sein Kutter »Uschi« in See. Um 9 Uhr gibt es den fangfrischen Fisch dann in der Fischhalle am Hafen.

Mit der MS »Seebär« geht es dann zu zivilerer Zeit von Steg D aus dem Hafen Richtung Sandbank bei der Insel Lieps, wo sich mit Glück Seehunde tummeln, Seeadler, Wildgänse und Kormorane ihre Kreise ziehen oder zur Insel Poel.

Seit 2014 können Feriengäste auch in komfortablen, festliegenden schwimmenden Ferienhäusern im Hafen ihren Urlaub verbringen. Von ihren Terrassen haben sie die schmucken Yachten im Hafen fest im Blick und im Geplätscher der Wellen träumen sie vielleicht davon auch mal die Leinen los zu machen und auf große Fahrt zu gehen. Nördlich vom Hafen, am Rande des Naturschutzgebietes, liegt das autofreie Areal des familienfreundlichen Dorfhotels. Das weitläufige Gelände kann mit dem Rad, dem Segway oder dem Tretmobil erkundet werden. Für Kinder jeden Alters gibt es ein vielfältiges Betätigungsfeld mit und ohne Betreuung und sogar ein Kinderbuffet auf

Von der Luxusyacht bis zur kleinsten Jolle findet jeder ein Plätzchen in der Marina

Augenhöhe. Im Haupthaus finden im Kreativ-Atelier täglich mehrere Workshops statt. Für Jugendliche ist vielleicht der Besuch der Tauchschule direkt am Strand von Tarnewitz attraktiv. Neben Tauchkursen werden auch Wracktouren zu einem in etwa 18 Meter Tiefe liegenden U-Boot oder zu einem gesunkenen Lastensegler angeboten.

Täglich wird hier frischer Fisch angelandet

Tipps Ostseebad Boltenhagen

ANREISE:

Mit dem Auto: Autobahn A20 bis Grevesmühlen, dann L1003 über Klütz nach Boltenhagen

Mit der Bahn: Regionalexpress bis Grevesmühlen, weiter mit Bus 345

ÜBERNACHTEN:

Dorfhotel,
Mecklenburger Allee 1,
Boltenhagen

Schwimmende Häuser im Yachthafen

GASTRONOMIE:

Café Pralinchen & Co.,
Ostseeallee 6a, Boltenhagen

Restaurant Fischereihof Kamerun,
Zum Hafen 1a,
Boltenhagen/Tarnewitz

KULTUR:

Bäderbibliothek, Ostseeallee 4,
im Kurhaus Boltenhagen

Buchhandlung und Galerie
im Kurpark, Am Kurpark 1,
Boltenhagen

FREIZEITAKTIVITÄTEN:

Fahrten mit dem Küstenfischer auf der MS »Uschi«,
Fischereihafen, Abfahrt 6 Uhr

Schifffahrten ab Weiße Wiek
Steg D, MS Seebär

Kletterpark und Geocaching
am Kletterpark, Ostseeallee 101,
Boltenhagen

Tauchschule Nord,
direkt am Strand Tarnewitz

Buddelschiffmuseum,
Ostseeallee 23, Boltenhagen

Swingolf, Ausbau 16B,
Boltenhagen

WELLNESS:

Yoga am Strand, 8.30 Uhr an der Seebrücke Boltenhagen (Mai bis September)

Meditation dienstags 8.30 Uhr bis 9.30 Uhr an der Seebrücke, samstags 11 Uhr bis 12 Uhr an der Steilküste Redewisch

SHOPPING:

Bioladen & Café Stellshagen & Meer, Ostseeallee 110, Boltenhagen/Tarnewitz

WEITERE INFOS:

www.boltenhagen.de

Welterbe der Menschheit

Ewig kreisende, schreiende Möwen über den Dächern der Stadt, ein Marktplatz mit extrem groben mittelalterlichen Pflastersteinen, außerordentlich viele erhaltene und liebevoll restaurierte Giebelhäuser im Stadtbild, Meeresbrise am alten Hafen – das alles und noch viel mehr ist Wismar.

Eine Demonstration von Pracht und Reichtum der Hanse

Zur Zeit der Hanse begann der Aufschwung Wismars zu einer bedeutenden Handelsstadt und bescherte ihr in den folgenden Jahrhunderten eine Zeit wirtschaftlicher und kultureller Blüte. Heute zeugen davon noch eine Vielzahl von Bauwerken der Backsteingotik.

Die Hanse, eine Vereinigung niederdeutscher Kaufleute mit gemeinsamen wirtschaftlichen Interessen, ein Zusammenschluss auch im Kampf gegen Piraterie, brachte es durch Freihandel im 12. bis 17. Jahrhundert zu großem Reichtum, der in den beteiligten Hansestädten unter anderem an der Pracht der Bauwerke, insbesondere an den Sakralbauten, abzulesen war. Wismars Stadtsilhouette ist geprägt durch drei monumentale Kirchen im Stil der Backsteingotik.

St. Georgen, im Zweiten Weltkrieg teilweise zerstört, bis 1990 dem Zerfall preisgegeben, heute weitgehend wiederhergestellt und als Veranstaltungsort für Konzerte, Lesungen, Theateraufführungen und Ausstellungen genutzt. Auch die Klassikertage Wismar, ein Theaterereignis der Extraklasse, findet hier eine exorbitante Kulisse. Die Plattform des Turmes in 34 Metern Höhe bietet eine beeindruckende Aussicht über die Altstadt bis zur Insel Poel.

Die St. Marienkirche präsentiert in ihrem 80 Meter hohen Turm, der als einziges Relikt nach dem Krieg und der 1960 erfolgten Sprengung der Ruine verblieb, eine Ausstellung zur Backsteingotik – der Turm ist Teil der Europäischen Route der Backsteingotik – und zum mittelalterlichen Handwerk. Eine 3-D-Animation zeigt die Entstehung des Sakralbaus. Eine Besonderheit ist das Ensemble der 13 Glocken, die die Wirren der Zeit überstanden haben und unterschiedlichen Aufgaben zugewiesen sind. Neun von ihnen bilden ein Glockenspiel,

welches mit verschiedenen Chorälen mehrmals täglich erklingt. Gegenüber dem Turm beeindruckt das Archidiakonat mit einem reich gegliederten und mit Windlöchern verzierten Staffelgiebel. Der Wechsel von glasierten und unglasierten Backsteinen trägt zu einem ganz besonderen Erscheinungsbild bei.

links Ein typisches Beispiel der norddeutschen Backsteingotik: das Archidiakonat

rechts Die neue Orgel in der historischen St.-Nikolai-Kirche

St. Nikolai, die Kirche der Schiffer und Fahrensleute, ist ein Meisterwerk der Spätgotik. Ihr 37 Meter hohes Mittelschiff zählt zu den höchsten in Deutschland. Detailreiche Portale und die kunstvolle Ausstattung sowie Relikte aus den einst zerstörten Kirchen St. Georgen und St. Marien laden täglich zum Besuch ein. Zudem ist sie Austragungsort eines bunten Spektrums von Konzerten.

Der Hafen - das Tor nach Skandinavien und ins Baltikum

Wismar war im Mittelalter ein wichtiges Handelszentrum im Ostseeraum. Als Umschlagplatz für verschiedene Handelsgüter diente in erster Linie der Alte Hafen. Das Hafenbecken aus jener Zeit ist bis heute erhalten, ebenso der letzte künstliche Wasserlauf in einer mittelalterlichen Altstadt Norddeutschlands, der den Hafen mit dem Schweriner See verbindet – die Grube, die sich quer durch die Altstadt windet. Der Wasserlauf wurde früher zum Waschen, zur Entnahme von Löschwasser sowie für die Wasserversorgung der Haushalte genutzt. Am Schabbellhaus, dem ehemaligen Brau- und Wohnhaus des

Der künstliche Wasserlauf Grube durchzieht die Altstadt von Wismar

Die lustigen Tierskulpturen zieren die Schweinsbrücke

Bürgermeisters Heinrich Schabbell, einem repräsentativen Bürgerhaus im Stil der niederländischen Renaissance, wird die Grube von einer kleinen sehenswerten Brücke überquert, der Schweinsbrücke. An allen vier Ecken ist in unterschiedlichen Posen ein kleines bronzenes Schwein positioniert. Ein perfektes Fotomotiv.

Neben dem historischen Alten Hafen mit dem letzten erhaltenen Stadttor Wismars, dem Wassertor und dem Baumhaus – hier gab es früher ein schwimmendes Langholz, den Baum, der den Hafen nachts sicherte – gibt es heute den Westhafen, der als Yachthafen genutzt wird und den Überseehafen, der vor allem dem Warenumschlag dient. Der Alte Hafen ist in zunehmendem Maße auch Ziel für Kreuzfahrtschiffe. Mit Glück liegt die Poeler Kogge »Wissemara«, der Nachbau einer hanseatischen Kogge aus dem 14. Jahrhundert, die hier ihren Heimathafen hat, gerade vor Anker, um neue Gäste zu einem abenteuerlichen Segeltörn aufzunehmen.

Das Wassertor am Alten Hafen ist das letzte erhaltene Stadttor

Aber auch sonst gibt es rund um die Hafenbecken reges Treiben. Am Kai vom Alten Hafen liegen diverse Fischkutter, die maritime Leckereien direkt aus dem Rauch anbieten. Zahlreiche Restaurants laden ein zum Sehen und Gesehen werden. Ganz nebenbei gibt es natürlich eine gute Auswahl an Fischgerichten. In der Fischhalle wird frischer Fisch mit fachkundiger Beratung angeboten.

Der Markt – das Herz Wismars

Der geräumige, ein Hektar große Marktplatz bietet vielerlei Gelegenheit in der Vergangenheit zu schwelgen. Da ist zunächst die Wasserkunst, ein Pavillon im Stil der Renaissance, die den Marktplatz dominiert. 1602 als Wasserreservoir nach dem Prinzip eines Laufbrunnens entworfen, führten hölzerne Leitungen Quellwasser aus der Umgebung hierher, um es dann in die umliegenden Häuser weiterzuleiten. 220 Häuser und 16 öffentliche Schöpfstellen wurden so versorgt. Erst 1897 wurde die Wasserkunst – heute das Wahrzeichen der Stadt – durch eine neue Wasserversorgung abgelöst.

Geblieben ist der wunderschön gestaltete Zwölfeckbau mit der kupfernen Haube und einer sechseckigen Laterne als Krönung – die Wasserkunst, deren Bau in den Jahren 1579 bis 1602 von Gemeinde und Bürgern sehr kontrovers diskutiert wurde. Geblieben ist auch das mittelalterliche Pflaster auf dem Marktplatz, welches möglicherweise noch manches Geheimnis unter sich verbirgt. Festes Schuhwerk ist angesagt. Allerdings erleichtern seit 2015 Gehwege aus Granitstein die Überquerung und den Besuch des Wochenmarktes.

Ein herausragender Blickfang in den umliegenden Häusern ist die Backsteinfassade mit ihrem treppenförmigen Giebelaufbau des Restaurants »Alter Schwede«, des ältesten Bürgerhauses, 1380 im spätgotischen Stil erbaut und seit 1878 als Gaststätte genutzt. Ein herrlicher Platz, um die Abendsonne beim Verzehr mecklenburgischer Gerichte zu genießen. Gleich links nebenan konkurriert das Restaurant »An der Wasserkunst«, wenig später erbaut, mit einem ebenso beeindruckenden Giebel und der um 1900 entstandenen Jugendstil-Bemalung um die Gunst des Betrachters. Das Eckhaus rechts an der Ostseite

links Die Wasserkunst ist einer der Hingucker auf dem Markt

rechts Regionale Spezialitäten in historischem Ambiente werden im »Alten Schweden« serviert

des Platzes, das Reuterhaus, ab 1850 Niederlassung des Verlegers Carl Dethloff, der die Werke des Mundartdichters Fritz Reuter publizierte, wurde 1988 abgetragen und rekonstruiert.

Die Nordseite des Marktplatzes nimmt der klassizistische Bau des Rathauses ein, welcher 1817 bis 1819 an Stelle eines Vorgängerbaus errichtet wurde. Im Kreuzrippengewölbe des Rathauskellers ist die Stadtgeschichte in einer Ausstellung eindrucksvoll dargestellt. Interessierte finden Wissenswertes zur facettenreichen Geschichte Wismars ebenfalls im Schabbellhaus und im Welt-Erbe-Haus. Auch die prächtigen Bürgerhäuser, die den Markt an der West- und Südseite säumen, bezaubern durch die Vielfalt ihrer Giebelarchitektur und ihre farbliche Gestaltung.

Shopping in der Altstadt

Die Altstadt Wismars ist mit ihren Fußgängerzonen gleich hinter dem Rathaus ein wahres Shopping-Paradies. Es gibt viele spezielle Einzelhandelsgeschäfte in denen das Stöbern Spaß macht. Als Haupteinkaufsmeile gilt die Krämerstraße. Hier eröffnete Rudolf Karstadt 1881 in einem Jugendstilgebäude sein erstes Confections- und Tuchgeschäft, aus dem später sein Kaufhausimperium hervorging.

In einer kleinen Seitenstraße vom Markt lockt im »cafeshop especial« die Welt des Kaffees mit herrlichem Duft und einer guten Auswahl von frisch gerösteten Kaffees und Schokolade.

Kaffee und Kuchen, moderne Kunst und alten Trödel bekommt man im Café Sinnenreich

Der Blumenladen »stiel blüte« gegenüber vom Schabbellhaus

Die Besitzer haben eine besondere Affinität zu Nicaragua, unterstützen dortige Projekte für Kinder und bieten auch Reisen zur Kaffee-Ernte an. Einen ganz anderen sinnlichen Genuss erwartet die Kunden im Blumenladen »stiel blüte« in der Nähe des Schabbellhauses. Neben der sehr kreativen Dekoration, bekommt man hier die schönsten Blumensträuße in Wismar. Gleich nebenan im

»Café Glücklich« macht das reichhaltige Frühstück, serviert auf einer Etagere, im wahrsten Sinne des Wortes glücklich. In der Galerie & Cafe Sinnenreich an der St. Nikolai-Kirche hingegen überzeugt nicht nur die umfangreiche Tortenauswahl. Hier sitzt man gemütlich in liebevoll gestalteten Räumen im Ambiente von Kunst und Designer-Kollektionen und lässt beim Lesen oder bei Gesellschaftsspielen die Seele baumeln.

Ob originelle Trödelläden, Angelshop, eine Verkostung im historischen Gewölbe der Hanse-Sektkellerei, ein Besuch im »Steinpilz«, einem mykologischen Informationszentrum mit breitem Literaturangebot oder der jährliche Pöttermarkt vor St. Nikolai, auf dem hochwertige Keramikprodukte angeboten werden, in Wismar ist für jeden was dabei.

Auch Cineasten kommen in Wismar auf ihre Kosten. Die Drehorte von »Nosferatu«, einem Meisterwerk der Stummfilmära, gedreht 1921 in Wismar, können quer durch die Altstadt erkundet werden. Bodenplatten verweisen auf die Drehorte verschiedener Szenen. Eine Stadtführung der besonderen Art führt zu den Drehorten der Fernsehserie »Soko Wismar«.

Der jährliche Pöttermarkt vor der Nikolaikirche im Juli

Tipps Hansestadt Wismar

ANREISE:

Mit dem Auto: Autobahn A20 bis Abfahrt Wismar Mitte

Mit der Bahn: Regionalexpress u.a. von Rostock, Schwerin, Grevesmühlen

ÜBERNACHTEN:

Steigenberger Hotel Stadt Hamburg, Am Markt 24, Wismar

GASTRONOMIE:

Alter Schwede,
Am Markt 20, Wismar

An der Wasserkunst,
Am Markt 22, Wismar

Café Glücklich,
Schweinsbrücke 7, Wismar

Reuterhaus,
Am Markt 19, Wismar

SEHENSWÜRDIGKEITEN:

Rathaus, Am Markt 11, Wismar

Schabbellhaus,
Schweinsbrücke 6 + 8, Wismar

St.-Nikolai-Kirche,
St.-Nikolai-Kirchhof 15, Wismar

St. Marienkirchturm,
St.-Marien-Kirchhof, Wismar

KULTUR:

Kunstraum St. Georgen,
St.-Georgen-Kirchhof, Wismar

Welt-Erbe-Haus,
Lübsche Straße 23, Wismar

FREIZEITAKTIVITÄTEN:

Pilzwanderungen »Steinpilz«,
ABC-Straße 21

Stadtführungen, Tourist-Information, Lübsche Straße 23a, Wismar

Hafenrundfahrt / Piratenfahrt
ab Alter Hafen, Wismar

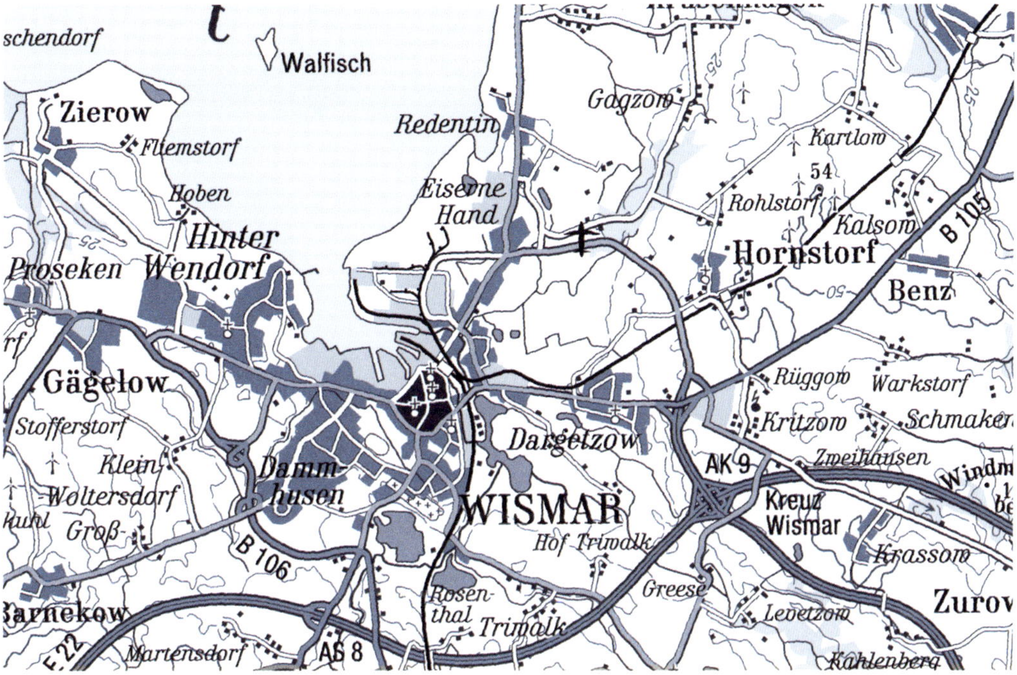

SHOPPING:

Galerie & Cafe Sinnenreich,
Hinter dem Chor 5,
Wismar

Hanse Sektkellerei,
Turnerweg 4 a, Wismar

cafe shop especial,
Sargmacherstr. 1,
Wismar

Blumenladen »stiel blüte«,
Schweinsbrücke 9,
Wismar

Fischhalle,
Claus-Jesup-Str. 51 – 59,
Wismar

Karstadt,
Rudolf-Karstadt-Platz 1,
Wismar

WEITERE INFOS:

www.wismar.de

Erholung ohne Trubel

Gutshäuser inmitten von Feldern, Weiden, auf denen Kühe grasen oder Pferde herumtollen, unberührte Sumpf- und Wattgebiete, in denen Vögel brüten – die Natur ist auf der Insel Poel immer präsent. Aber auch für Strandurlauber, Kultur- und Sportinteressierte hat die Insel vieles zu bieten.

Naturschutz – ein wichtiger Insel-Aspekt

Die Insel Poel, im Norden der Wismarer Bucht gelegen, ist mit ihren nur etwa 36 Quadratkilometern Fläche ein übersichtliches Urlaubsparadies und eine kleine Welt für sich. Sie ist über die Landstraße 121 durch einen Damm mit dem Festland verbunden.

Der Naturschutz hat auf der Insel Poel Priorität. Auf der Insel sind mehr als 300 geschützte Biotope ausgewiesen. Dabei geht es um Boddengewässer, Verlandungsbereiche, Dünen, Strandwälle, Steilküsten, Röhrichtbestände, Salzwiesen und … und … und. In Rustwerder im Südwesten der Insel geht es beispielsweise um den Erhalt eines Strandhakens mit Schlickwatt und um seit Jahrhunderten beweidetes Salzgrünland, das auch Brutgebiet zahlreicher Küstenvogelarten ist. Für Besucher ist dieser Teil der Insel deshalb gesperrt. Die in der Wismarbucht vorgelagerte unbewohnte Insel Walfisch, einst eine Festung, ist unter anderen Rückzugsgebiet für Austernfischer, Mittelsäger, Schwarzkopfmöwen, Graugänse, Eiderenten und diverse Schwalbenarten. Die Insel ist für Besucher tabu. Die im Nordosten vorgelagerte, baumlose, unbewohnte Insel Langenwerder ist seit 1924 das älteste Naturschutzgebiet und seit 1910 Vogelbeobachtungsstation der Universität Rostock. Die Insel ist 800 Meter lang und 500 Meter breit und darf nicht betreten werden. Eins der Biotope hier sind die marinen Block- und Steingründe, die den Vögeln Rast- und Ruheplätze bieten. Störungen der geschützten Bereiche gibt es leider immer wieder durch Wassersportler und Angler.

Von Gollwitz aus können die gefiederten Inselbewohner mit dem Fernglas beobachtet werden. Außerhalb der Brutzeit gibt es auch einige wenige Führungen auf Langenwerder.

oben Am Kirchsee sind vielerlei Vogelarten zu beobachten

unten Auch die Graugänse genießen das Badevergnügen auf der Insel Poel

Der Schaugarten in Malchow

Für die einen eine wunderbare Auszeit in der Blütenpracht heimischer und exotischer Botanik, für die anderen spannende Forschung. Auf dem ein Hektar großen Areal eines modernen Laborkomplexes, einer Zweigstelle der Wismarer Universität in Malchow, können Sommerblumen und Stauden, Heil- und Gewürzpflanzen, Laub- und Nadelgehölze sowie mehr als 500 verschiedene energie- und rohstofferzeugende Pflanzen in klar gegliederten Beeten betrachtet werden. Sie sind das Arbeits-

Herrliche Blumenpracht im Schaugarten von Malchow

material für die Studenten des Studienganges Verfahrens- und Umwelttechnik, die sich auf die Verfahrenstechnik biogener Rohstoffe spezialisiert haben. Das heißt, aus diesen Pflanzen können Öle, Eiweiß, Stärke, Farbstoffe oder Energie gewonnen werden. Technisch interessierte Besucher können nach Voranmeldung auch einen Einblick in die Labore bekommen. Dieser Schaugarten war auch eine Außenstelle der Bundesgartenschau Schwerin 2009.

Schon seit 1897 ist Malchow ein Ort der Forschung. Der Bauernsohn Hans Lembke gründete hier einen Saatzuchtbetrieb, wurde für seine Verdienste in der Landwirtschaft zum Dr. phil. h. c. der Universität Rostock ernannt und 1946, nach der Enteignung seines Betriebes, als Professor an die landwirtschaftliche Fakultät berufen. Seine Enkel konnten den Betrieb 1992 zurückkaufen und erfolgreich weiterführen. 2002 wurde dem Betrieb für die Entwicklung biologischer Pflanzenschutzmittel der Deutsche Umweltpreis verliehen.

Klein, aber oho

Die Inselhauptstadt Kirchdorf mit ihren etwas über eintausend Einwohnern ist Mittelpunkt des kulturellen Geschehens auf der Insel Poel. Im Heimatmuseum wird die historische Entwicklung der Insel auf 250 Quadratmetern dargestellt. Eine Galeriefläche ist von Herbst bis zum Frühjahr dem preisgekrönten Mecklenburger Maler Karl Christian Klasen gewidmet. Seine Sujets waren Landschaften und die Welt der Fischer. In den Sommermonaten gibt es wechselnde Ausstellungen mit Künstlern der Region. Das Veranstaltungshaus auf dem Museumsgelände ist Treffpunkt für Vorträge, Konzerte oder Filmvorführungen. Im

Die Kirche, die dem Dorf seinen Namen gab

Findlingsgarten vor dem Museum können geologisch Interessierte zwischen 65 Steinen auf eine Zeitreise von etwa zwei Milliarden Jahren Erdgeschichte gehen und auf dem Außengelände wartet eine Modellausstellung mit 33 Objekten der ehemaligen Poeler Festung im Maßstab 1:10 auf Bewunderer.

Die Dorfkirche – ihr Turm ist mit seinen 47 Metern Höhe weithin über die flache Insel sichtbar – ist im Sommer ebenfalls Austragungsort einiger Konzerte. Zudem birgt sie einige

oben Entspannung auf dem Schlosswall mit Blick über den Kirchsee

unten Treffpunkt der Segelfreunde: der Hafen von Kirchdorf

Moderne Kunst auf dem Dachboden des Café Frieda

wertvolle Relikte aus dem 15. Jahrhundert, beispielsweise zwei Flügelaltäre und eine Orgel aus dem 17. Jahrhundert.

Ein weiterer Treffpunkt ist der Kirchdorfer Hafen, einer der drei Häfen der Insel. Von hier starten die Adler-Schiffe täglich mehrmals nach Wismar. Am benachbarten Schlosswall finden regelmäßig Kunst- und Flohmärkte sowie Open-Air-Kinoveranstaltungen statt.

In der Gemeinde Oertzenhof nördlich von Kirchdorf ist das Kunstcafé Frieda ein wunderbarer Ort für kulturelle Events. Hat man die schwierige Anfahrt über Schotterwege mit tiefen Schlaglöchern erstmal überstanden, ist der Genuss von fair gehandeltem Kaffee und hausgebackenem Kuchen in Verbindung mit der Kunst an den Wänden besonders schön. Ein traumhafter Ort, um die Seele baumeln zu lassen. Monatliche Abendveranstaltungen, wie Liederabende, Vorträge oder Lesungen sorgen für anspruchsvolle Unterhaltung.

Sonne, Wind und Wellen

Timmendorf Strand liegt am westlichsten Punkt der Insel, ideal für den Standort des pittoresken Leuchtturms, der seit 1872 den Schiffen den Weg in die Wismar Bucht und zum Wismarer Hafen weist. Im Hafenbecken von Timmendorf Strand dümpeln vorzugsweise Fischer- und Sportboote vor sich hin. Dieser Hafen dient überwiegend der Fischerei. Kapitän Ralf Schmidt erwartet seine Gäste zu Seerundfahrten und Angeltouren. Entlang einer kleinen Promenade sind viele neue Ferienhäuser und -wohnungen entstanden, die den Charme der alten reetgedeckten Katen bei weitem nicht erreichen. Die Restaurants im Umfeld haben den Schwerpunkt ihrer Speisekarten natürlich auf Fischspeziali-

Auf zu neuen Ufern: ein Segler vor Timmendorf Strand

Weithin sichtbar vom Meer und vom Land: der Leuchtturm in Timmendorf Strand

täten ausgerichtet. Der feinsandige Strand und die Möglichkeit zu diversen Wassersportbetätigungen, wie Surfen, Kiten, Wasserski, Tauchen, Kajakfahren oder auch Katamaransegeln lockt Gäste in diesen noch relativ ruhigen Ferienort. Südlich des Hafens führt ein Fußweg zu einem Kliff mit herrlichem Panoramablick.

Pferdeliebhaber können ihrem Hobby auf der Reitanlage Plath frönen, ausgedehnte Ausritte in die Landschaft unternehmen oder auch filmreif am Strand galoppieren. Wer es gemütlicher mag, bucht eine Kutschfahrt. Hier werden auch Gästezimmer angeboten.

Der Geheimtipp für eine entspannte Auszeit

Das Gutshaus Wangern ist das ideale Urlaubsziel zum Wohlfühlen. 1911 wurde das Gebäude im Jugendstil errichtet und wird heute in vierter Generation bewirtschaftet. Im weitläufigen Gutspark fasziniert ein 100-jähriger Magnolienbaum zur Blütezeit, ein Gartenteich mit Kois und Fontäne verbreitet ein geruhsames Ambiente. Restaurant, Wintergarten und Terrasse bieten bei jedem Wetter den richtigen Rahmen und der Wellnessbereich mit Whirlwannen, Sauna, Dampfdusche und breitem Massageangebot lässt keine Wünsche offen. Am nahen Naturstrand kann textilfrei gebadet werden. Weder Gastronomie noch Strandkorbvermietung stört diese Idylle.

Die Reitanlage Plath – ein Paradies für Pferdefreunde

Tipps Ostseebad Insel Poel

ANREISE:

Mit dem Auto: von Wismar auf der L12 bis Groß Strömkendorf, dann auf der L121 auf die Insel

Mit der Bahn: nach Wismar, von dort mit dem Bus 230

ÜBERNACHTEN:

Reitanlage Plath, Strandstraße 31, Timmendorf

Appartementhotel Gutspark Wangern, Wangern 17, Insel Poel

GASTRONOMIE:

Traditionshaus Seeblick,
Promenade 1,
Am Schwarzen Busch

KULTUR:

Heimatmuseum,
Möwenweg 4, Kirchdorf

Kunstcafé Frieda,
Oertzenhof 4, Insel Poel

Dorfkirche,
Möwenweg 9, Kirchdorf

FREIZEITAKTIVITÄTEN:

Schaugarten, Inselstraße 12, Malchow

Adler-Schiffe, Hafen Kirchdorf

Seerundfahrten und Angeltouren, Schmidt,
mit dem Angelkutter »Vorwärts«
ab Hafen Timmendorf Strand

WELLNESS:

Gutshaus Wangern,
Wangern 17, Insel Poel

WEITERE INFOS:

www.insel-poel.de

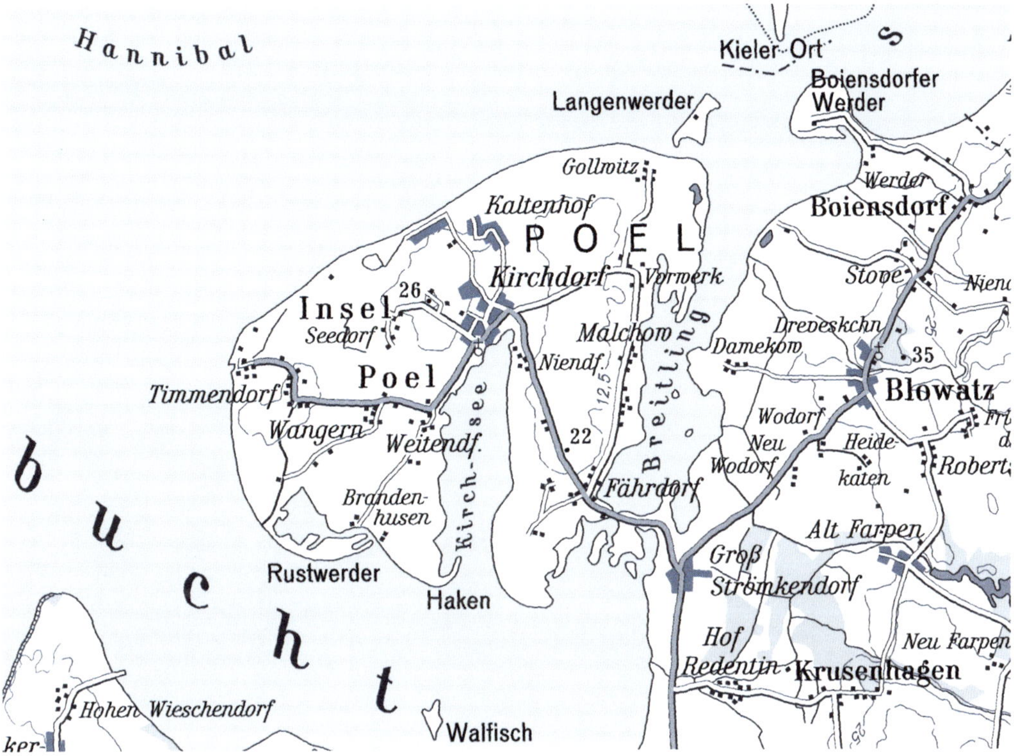
Hannibal
Kieler Ort
Boiensdorfer Werder
Langenwerder
Gollwitz
Kaltenhof
POEL
Kirchdorf
Vorwerk
Insel
Seedorf
Poel
Malchow
Niendf.
Breitling
Timmendorf
Wangern
Weitendf.
Kirch-see
Branden-husen
Fährdorf
Rustwerder
Haken
b u c h t
Hohen Wieschendorf
Walfisch
Werder
Boiensdorf
Stove
Dreveskchn
Damekow
Blowatz
Wodorf
Neu Wodorf
Heide-katen
Alt Farpen
Groß Strömkendorf
Hof Redentin
Krusenhagen
Neu Farpen
26
22
35
12,5

Auf Schusters Rappen

Die wenigen erhaltenen Gebäude des Benediktinerinnen-Klosters direkt am Neuklostersee sind ein idealer Ausgangspunkt für eine Wanderung um den See. Das Strandbad lädt zu einem erfrischenden Bad ein, der Weg durch die kühlen Wälder in der Umgebung ist auch im Hochsommer ein Vergnügen. Dann trifft man auf den Großen Wariner See und auf der anderen Seite von Warin schließt sich gleich der Glammsee an. Keineswegs versäumen sollte man einen Abstecher nach Hasenwinkel am Bibowsee mit seinem hochherrschaftlichen Schlosshotel.

Entspannte Kleinstadtatmosphäre

Der seit 2005 ausgewiesene Naturpark Sternberger Seenlund umfasst eine Fläche von 540 Quadratkilometer und kann mit zahlreichen Besonderheiten aufwarten. Tiefeingeschnittene, wilde Durchbruchstäler, Relikte von Slawenburgen und slawischen Burgwällen, Großsteingräber, bronzezeitliche Grabhügel sowie germanische Steinkreise halten die Erinnerung an frühere Zeiten wach. Die liebreizende Hügellandschaft punktet mit Wäldern, Wiesen und jeder Menge sauberer Seen und Wasserläufe.

Im äußersten Norden des Naturparks liegt Neukloster direkt am Neuklostersee, der mit dem Großen Wariner See, dem Glammsee und dem Tempziner See eine Seenkette bildet. Anfang des 13. Jahrhunderts wurde das Nonnenkloster der Benediktinerinnen St. Maria im Sonnenkamp gegründet, welches 1245 zum Wirkungskreis der Zisterzienserinnen umgewidmet wurde. Nach der Säkularisierung des Klosters, im Jahre 1555, begann der Verfall der Anlage, die einst ein wirtschaftliches und kulturelles Zentrum für die Umgebung war. Heute sind lediglich die Klosterkirche mit ihren wertvollen Glasmalereien, die als früheste erhaltene Glasmalereien Mecklenburgs gelten, der Glockenturm südlich der Kirche, die Propstei, in der das Heimatmuseum untergebracht ist, und das Fischerhaus erhalten. Vom Klostergelände führen herrliche Wanderrouten über die Halbinsel des Neuklostersees oder eine zehn Kilometer weite Strecke um den schilfgesäumten Neuklostersee, beginnend an der Streuobstwiese und dem zehn Meter hohen Hochseilgarten, vorbei am 1836 erbauten Fischerhaus, in dem drei Ferienwohnungen mit Garten und Zugang zum See inklusive Segel-, Ruderboot und Kanu auf Gäste warten. Am nordöstlichen Ende des Sees lädt eine Badeanstalt mit großer Liegewiese, Imbiss und Badeinseln zum feuchten Vergnügen ein. Auch hier kann man Boote ausleihen und sich auf dem See gemütlich treiben lassen. Gegen-

oben Ferienwohnungen direkt am Klostersee in typischem Reetdachhaus

unten Hotspot für Wasserratten: der Neuklostersee

Die Klinkerskulpturen am Markt erinnern an die Nonnen des Klosters

über vom Parkplatz des Freibades führt eine weitere etwa vier Kilometer lange Wanderroute durch das Klaasbachtal mit herrlichen Ausblicken vom Hochufer und dem beruhigenden Plätschern des Baches entlang des Rundweges.

Auf dem Neumarkt trifft man auf drei weibliche Klinkerskulpturen. In rotem, weißem und schwarzem Klinker symbolisieren sie drei Nonnen und erinnern an die Stadtgründung. Die Keramik-Künstlerin Dörte Michaelis ist aus dem öffentlichen Raum ihrer Heimatregion nicht wegzudenken. Auch auf der Badewiese stehen zwei ihrer Skulpturen. Im Boltenhagener Kurpark zeigt sie sich mit der Gestaltung des Brunnens von einer etwas anderen Seite.

Regionales Shopping und Wellness am See

Westlich des Neuklostersees lohnt sich ein kleiner Abstecher zum liebevoll dekorierten »Storchenhof«. Der denkmalgeschützte Dreiseiten-Hof vermarktet seine Produkte in einem kleinen Hofladen. Im Sortiment sind neben dem hochwertigen Fleisch von Galloway- und Angusrindern und vielen anderen Produkten auch diverse leckere Eierlikörvariationen. Jedes Frühjahr kehren Störche auf dem Hof ein und konkurrieren mit ihrem Klappern mit der schnatternden Gänseschar.

Nur drei Kilometer von Neukloster entfernt, am Westufer des Neuklostersees, liegt das Seehotel Nakenstorf, ein weitläu-

Nur regionale Produkte kommen ins Regal: der Hofladen des »Storchenhofs«

Ein Ort für Genießer, die Entspannung suchen: das Seehotel in Nakenstorf

figes Areal mit Badescheune, Kunstscheune, Havanna Lounge, Restaurant und Wohlfühlhaus, einem Park mit mächtigen Bäumen, eigenem Strand und Bootsstegen. Das Hotel bietet alles für einen perfekten Urlaub. Ruhe, Kultur, Wellness und Kulinarik haben hier einen hohen Stellenwert.

Ausgangspunkt für Entdeckertouren

Eingebettet zwischen dem Großen Wariner See und dem Glammsee ist Warin ein attraktives Ausflugsziel. Das Naturparkzentrum Sternberger Seenland, mit Sitz im Rathaus, informiert über die mannigfaltigen Möglichkeiten und verleiht gern zum Start von Exkursionen an Interessierte einen Entdecker-Rucksack mit Fernglas, Lupe, Bandmaß, Naturbestimmungsbüchern und Sitzkissen. Die erste Entdeckung ist vermutlich gleich nebenan das Pfarrwitwenhaus aus dem 18. Jahrhundert, das älteste Gebäude der Stadt. Nach gründlicher Sanierung dient es jetzt als Jugendtreffpunkt und bietet Raum für Kultur und Freizeitgestaltung. Ein paar Häuser weiter erinnert nahe seinem Geburtshaus ein Denkmal an den Wariner Maler, Karikaturisten und Illustrator Ernst Lübbert.

Mit der historischen Wassermühle von 1918 steht ein technisches Denkmal in der Zwei-Seen-Stadt. Leider ist die komplett erhaltene Mahltechnik aus der Zeit um 1930 nur in Ausnahmefällen zu besichtigen. Die Mühle musste 2011 den Betrieb einstellen, sie steht zum Verkauf. Neben der Mühle verbindet der Mühlenbach den Glammsee mit dem Großen Wariner See. An dieser Stelle wird der Höhenunterschied von über drei Meter zwischen den Gewässern durch eine etwa 130 Meter lange Fischtreppe mit 37 Becken ausgeglichen. Apropos Fisch, Warin ist mit seiner Gewässerlage ein ideales Anglerparadies. Aber es ist auch ein Gefilde für Träumer und Romantiker, denn es liegt an der Sagen- und Märchenstraße und wer sich darauf einlässt, kann die Landschaft mit der Prinzessin im Glammsee oder den Kobolden von Pennewitt mit ganz anderen Augen

Am Marktplatz von Warin kann man sich im Naturparkzentrum informieren

Rustikale Küche in historischem Gemäuer: das Restaurant »Taun Sandhaas«

entdecken. Wanderern sei der 5,5 Kilometer lange Rundgang um den Glammsee empfohlen. Schautafeln geben Einblicke in die Eigenheiten der Gegend und ein Aussichtsturm am Wegesrand lockt mit einem überwältigenden Panoramablick über das Seenland. Ein origineller Anziehungspunkt für Fotografen ist der Beuchet-Stuhl im August-Cords-Park in Warin, einem Bürgerpark, angelegt auf der ehemaligen Stadtbleiche. Je nach Perspektive überrascht er mit einer lustigen optischen Täuschung. Im historischen Gebäude des Restaurants »Taun Sandhaas« kann man dann schließlich bei Mecklenburger Küche all die schönen Erlebnisse noch einmal Revue passieren lassen.

Eine edle Adresse

Für eine entspannende Auszeit wirbt auch das »Schloss Hasenwinkel«, westlich von Warin. Ob im 1909 erbauten neobarocken Schloss, im Gästehaus oder im Marstall, die Gäste sind in stilvollen Räumlichkeiten überall gut untergebracht. Bei einem Spaziergang durch den Park laden Bänke zum Verweilen ein, die Fontänen im Wasserbassin strahlen Ruhe aus in der Weite des Anwesens. Klassik im Schlossgarten heißt es zu den Festspielen Mecklenburg-Vorpommerns für deren Konzerte das Schloss den geeigneten Rahmen bietet. Schloss Hasenwinkel blickt auch auf eine lange Tradition als Tagungshotel zurück. 1945 fanden hier die Vorgespräche zur Potsdamer Konferenz statt.

Stilvoll Genießen vor imposanter Fassade: das Hotel »Schloss Hasenwinkel«

Tipps Sternberger Seenland

ANREISE:
Mit dem Auto: A20 bis Abfahrt Zurow, dann weiter auf der B192

Mit der Bahn: mit dem Bus 245 von Wismar oder Blankenberg

ÜBERNACHTEN:
Fischerhaus, Kirchstraße 7, Neukloster

Seehotel, Seestraße 1, Nakenstorf

Schloss Hasenwinkel, Am Schlosspark 2, Hasenwinkel

GASTRONOMIE:
Taun Sandhaas, Lange Straße 1, Warin

NATUR:
Naturparkzentrum, Am Markt 1, Warin

KULTUR:
Klosterkirche, Kirchstraße 2, Neukloster

Heimatmuseum, Klosterhof 1, Neukloster

Hofgalerie der Keramikerin Dörte Michaelis, Vogelsang 10, Neuburg

Pfarrwitwenhaus, Am Markt 4, Warin

Historische Wassermühle, Bergstraße 27, Warin

FREIZEITAKTIVITÄTEN:
Badeanstalt, am See, Neukloster

Hochseilgarten (Buchungen nur für Gruppen), Klosterhof 2, Neukloster

SHOPPING:
Hofladen Storchenhof, Hauptstraße 9, Reinstorf

WEITERE INFOS:
www.stadt-neukloster.de, www.stadt-warin.eu

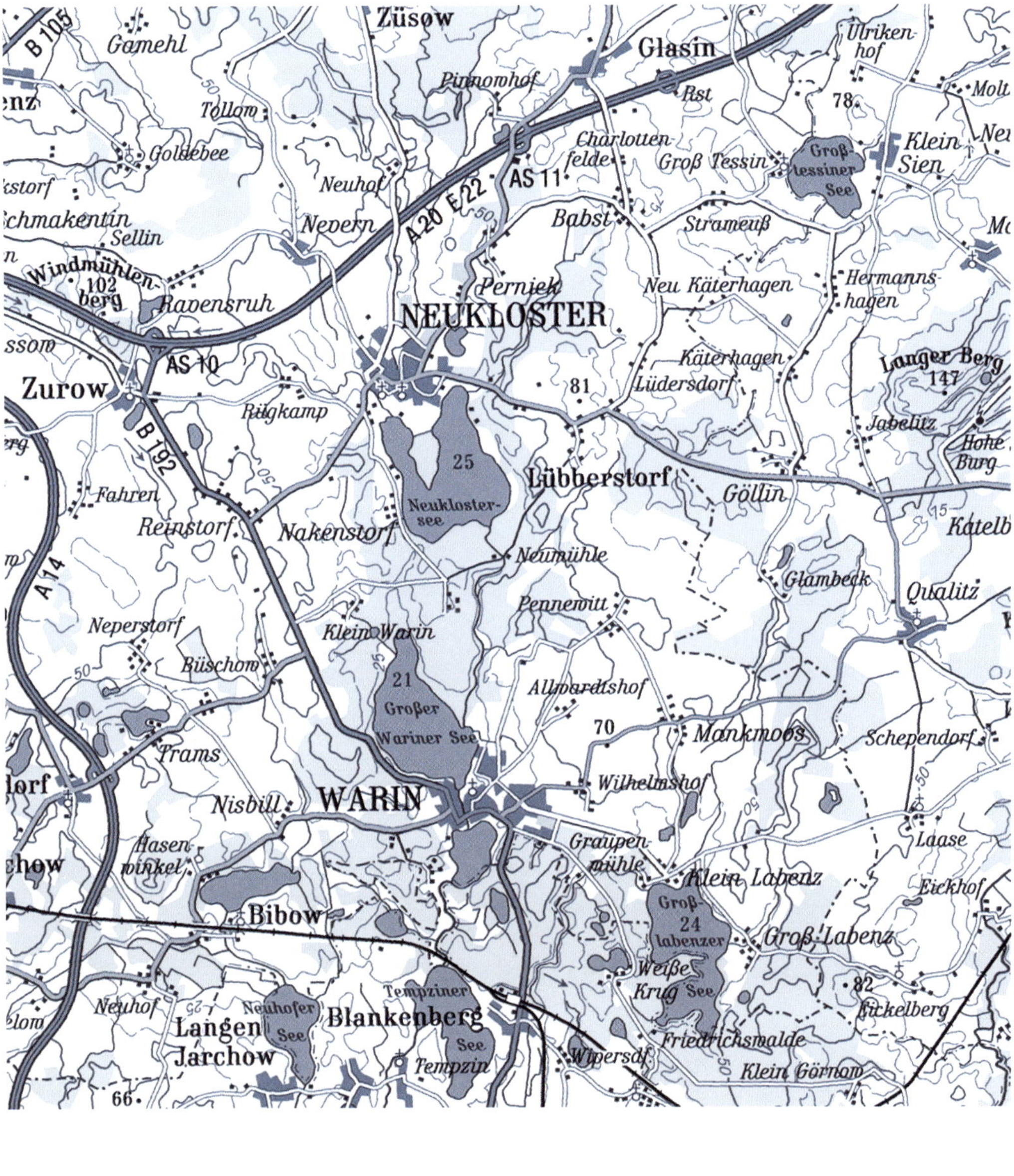
Züsow
Gamehl
Glasin
Ulriken-hof
Pinnowhof
Rst
Tollow
Goldebee
Charlotten-felde
Groß Tessin
Groß-tessiner See
Klein Sien
Neuhof
AS 11
A 20 E 22
Schmakentin
Sellin
Nevern
Babst
Strameuß
Windmühlen-berg
102
Ravensruh
Perniek
Neu Käterhagen
Hermanns-hagen
NEUKLOSTER
AS 10
Zurow
Käterhagen
81
Lüdersdorf
Langer Berg
147
Rügkamp
Jabelitz
Hohe Burg
B 192
25
Neukloster-see
Lübberstorf
Göllin
Fahren
Reinstorf
Nakenstorf
Katelbogen
Neumühle
A 14
Glambeck
Qualitz
Pennewitt
Neperstorf
Klein Warin
Büschow
21
Großer Wariner See
Allwardtshof
70
Mankmoos
Schependorf
Trams
Nisbill
WARIN
Wilhelmshof
Hasen-winkel
Graupen-mühle
Laase
Klein Labenz
Eickhof
Bibow
Groß-labenzer See
24
Groß Labenz
Weiße Krug
82
Neuhof
Neuhofer See
Tempziner See
Blankenberg
Eickelberg
Langen Jarchow
Friedrichswalde
Tempzin
Wipersdf.
Klein Görnow
66
B 105

Eine Welt für sich

Ruhig dümpeln die kleinen Boote nahe des Ufers im seichten Wasser. Surfer gleiten über die sanften Wellen und im flachen Wasser üben Schüler der Kiteschule. Die Zahl der Strandurlauber, die das Treiben auf dem Wasser beobachten, ist überschaubar, wie es überhaupt hier in der Boiensdorfer Bucht am Salzhaff recht geruhsam zugeht. Nicht anders ist es auch im Landesinneren, ob in Neubukow, Stove, Nantrow oder Wodorf – von Eile ist hier nirgendwo etwas zu spüren.

Friedliche Koexistenz von Naturliebhabern und Sportlern

Das Salzhaff ist ein sehr spezielles Gewässer. Durch seine abgeschlossene Lage im Schutze der Halbinseln Wustrow und Boiensdorfer Werder liegt es fernab von tosenden Brandungen, dennoch profitiert es vom Salzwasser der Ostsee, denn es hat keine wesentlichen Süßwassereinspeisungen durch große Flüsse. Das Salzhaff ist eine kleine Welt für sich mit einem abwechslungsreichen Landschaftsbild. Steilufer und Flachwasserzonen, Sandhaken und Strandwälle wechseln sich ab mit Wäldern, Salzwiesen und Bachuferlandschaften. Der Scharberg bei Boiensdorf ist mit 54 Metern die höchste Erhebung zwischen Wismar und Rerik.

So abwechslungsreich wie die Landschaft ist auch die Tier- und Pflanzenwelt dieser Region im »Landschaftsschutzgebiet Küstenlandschaft Wismarer Bucht«. Ein Eldorado für Botaniker, die hier Strandflieder, Andelgras, Salzbinsen, Löffelkraut oder auch Erdbeerklee entdecken können. In den Schilfgebieten und auf den Salzwiesen rund um die Hellbachmündung sind die Brut- und Rastgebiete zahlreicher seltener Vögel und auch Schmetterlinge und Amphibien tummeln sich hier in der Abgeschiedenheit. Das Wasser im Salzhaff ist weitgehend flach und somit ein ideales Revier zum Surfen und Kitesurfen.

In Pepelow verfügt die Ferienanlage San Pepelone über ein großes Stehrevier mit Surfschule und hält auch das passende Equipment bereit. In Boiensdorf, am Südufer des Salzhaffs, wird in der Kiteschule Theorie und Praxis zur VSWS Kiteprüfung vermittelt. Ein anderer Küstenabschnitt ist den Fischern vorbehalten. Hier schaukeln ihre Boote an Pfählen im Wasser befestigt und die Reusen trocknen auf den Uferwiesen. So bietet das Salzhaff eine abwechslungsreiche Kulisse für den Betrachter.

Die Schliemannstadt

Heinrich Schliemann, der Entdecker des legendären Troja, ist das Aushängeschild Neubukows, der Stadt in der er 1822 das Licht der Welt erblickte. Nach einer sagenhaften internationalen Karriere als Kaufmann, versuchte er sich als Pionier der Feldarchäologie auf der Suche nach den Ruinen des bronzezeitlichen Trojas in Kleinasien. Nach dreijährigen Grabungen überraschte er die Welt mit der Entdeckung Trojas, kurz danach mit dem Fund des Schatzes des Priamos. Weitere erfolgreiche Ausgrabungen sollten folgen. Neubukow kann also voller Stolz mit dem Geburtshaus und einer Heinrich-Schliemann-Gedenkstätte aufwarten. Dort sind auf großen Schautafeln seine Ausgrabungen dokumentiert, Originalfundstücke ergänzen die Informationen. Der Nachfolgebau des Geburtshauses Schliemanns ist zugleich auch heute noch das Pfarrhaus. Sein Vater

In diesem Haus wurde der berühmte Archäologe Heinrich Schliemann geboren

Ernst Johann Adolf Schliemann bekleidete von 1814 bis 1823 die Pfarrstelle in Neubukow.

Der Backsteinbau der benachbarten Peter- und Paul-Kirche stammt aus dem 13. Jahrhundert und ist im 15. Jahrhundert um den 52 Meter hohen Westturm ergänzt worden, der lange als Seezeichen genutzt wurde.

Am nahen Mühlenbach steht die älteste Wassermühle Mecklenburg-Vorpommerns aus dem 13. Jahrhundert. 1936 wurde sie um einen Speicher erweitert. Beide Gebäude machen einen desolaten Eindruck, aber es bestehen jede Menge Pläne der Eigentümer die Gebäude zu aktivieren. Da bleibt es spannend. Spannend ist es auch an der 107 Meter langen Fischtreppe am Mühlenteich zu beobachten, wie Meerforellen, Bachneunaugen, Hechte und Co. die Höhenunterschiede zwischen den Gewässern überwinden. Eine zweite Fischtreppe mit 12 Riegeln, durch Natursteine begrenzt, ist am Kleinen Hellbach entstanden.

Im Gegensatz zur Wassermühle vermittelt die Galerie-Holländer-Windmühle am Stadtrand von Neubukow, nur 5,5 Kilometer von der Ostsee entfernt, einen ganz anderen Eindruck. Sie wurde 1910 gebaut, war bis 1991 in Betrieb und ist mit ihren Bilauschen Ventikanten, einer fortschrittlichen Flügelform, ein seltenes Exemplar. Die alte Mühlentechnik ist in feinster Manier aufgearbeitet und mit modernem, sehr extravaganten Mobiliar kombiniert. Auf 220 Quadratmetern ist hier eine Ferienwohnung entstanden, die ihresgleichen sucht. Räume und Grundstück sind beseelt von bizarren Schaufensterpuppen, die die Eigentümerin künstlerisch gestaltet hat.

Neubukow liegt an der Via Baltica, einem Teilstück des Jakobsweges von Usedom über Greifswald, Rostock, Neubukow, weiter nach Wismar mit dem Endziel Santiago de Compostela in Spanien. Auf diesem Weg gibt es für die Pilger preiswerte Unterkünfte in Gemeindehäusern oder ähnlichen Einrichtungen.

Ferien auf dem Land

Das kleine malerische Wodorf, gelegen am Ostseeradwanderweg, östlich der Insel Poel, ist der ideale Ort für Ferien auf dem Land, fern von Hektik und Trubel. Dort, auf einem großen Grundstück mit altem Obstbaumbestand gibt es den Katharinenhof. Ein reetgedecktes, denkmalgeschütztes niederdeutsches Hallenhaus, etwa um 1780 erbaut, 2008 liebevoll saniert, ist das Herz des Hofes. In einem ehemaligen Pferdestall warten Ferienwohnungen auf Sommergäste. Wer es rustikal und romantisch mag, kann auf dem Heuboden

Ferienwohnung oder Heuboden: Ferien auf dem Katharinenhof

übernachten. Radlercafé und Hofladen locken mit kleinen Spezialitäten wie beispielsweise hausgemachten Likören und Marmeladen. Im Garten kann gegrillt werden und für Kinder warten jede Menge Hoftiere auf Streicheleinheiten. Wanderwege beginnen im nahen Umfeld, Badestrände sind nur wenige Kilometer entfernt.

Rast in Stove

Das Örtchen Stove, südwestlich von Neubukow mit knapp 500 Einwohnern, ist in mehrerer Hinsicht einen Besuch wert. Zunächst ist da eine Holländermühle von 1889, die als technisches Denkmal voll funktionstüchtig ist und besichtigt werden kann. Ihr achteckiger Turm ist beachtliche 15 Meter hoch. Hat man sich den sandigen Weg zur Mühle erklettert, überrascht ein herrlicher Ausblick über die Wismarer Bucht.

links Im Garten des Kunsthauses warten Skulpturen auf Bewunderer

rechts Das kleine Dorfmuseum bietet Einblick ins Landleben anno dazumal

Die Holländermühle in Stove kann besichtigt werden

Das Kunsthaus Stove ist mit regelmäßigen Kreativveranstaltungen und Keramiktagen sowie Ausstellungen ein ständiger Anziehungspunkt für Kunstinteressierte. Ein Strohlehmhaus in warmen, erdigen Tönen dient als Kreativwerkstatt für Kurse in Zeichnen, Töpfern, Aquarellmalen, Kalligrafie oder auch Kulinarik. Im biologisch bewirtschafteten weitläufigen Garten sind von Juni bis September Skulpturen zu bewundern. Für Kreativurlauber stehen Ferienwohnungen zur Verfügung. Ein kleiner Naturstrand ist zu Fuß erreichbar. In einer nahen Scheune sind im Dorfmuseum allerlei Ackergeräte und Alltagsgegenstände zu entdecken. Ein kleiner Imbiss lädt zu leckerem, frischen Brot und Kuchen aus dem Lehmbackofen der kleinen Backstube nebenan ein. Bis 1960 wurde das in der Mühlenbäckerei gebackene Brot noch per Pferdefuhrwerk in die umliegenden Dörfer ausgeliefert.

Auf Entdeckungstour über die Dörfer

Nur wenige Kilometer südöstlich entfernt ist das Landgut Lischow ein perfekter Ort für Pferdenarren. Seit vierzig Jahren wird hier die Trakenerzucht betrieben. Das 500 Hektar große Areal des Landgutes mit Reithalle, Reitplatz und Streicheltieren liegt direkt am Fernwanderweg. Das Gutshaus und das Gästehaus sind dekorativ um einen See angeordnet, weite Grünflächen, möbliert mit Gartenmöbeln laden zum Relaxen ein. Ein neun Hektar großer Park spendet neben Schatten auch reichlich Sauerstoff und ein Hofcafé sorgt für das leibliche Wohl. Dem Reitsport nicht ganz so nahe stehenden Gästen werden attraktive Kutsch- und Kremserfahrten oder auch Nachtangeln angeboten. Wanderreiter finden hier optimale Bedingungen vor.

Von Lischow ist es einen Katzensprung nach Nantrow. Dort lädt das SaBö Café und Hofladen zu einer großen selbstgebackenen Tortenauswahl im gemütlichen Kaminzimmer ein. Damit nicht genug, sind im Hofladen unter anderem

auch hausgemachte Wurstspezialitäten nach alten Familienrezepten, Fleisch von hofeigenen Tieren, frische Eier, Geflügel, Sanddornprodukte, und, und, und … erhältlich. Das Rotwildgehege und der Spargelanbau sind wichtige Standbeine des Betriebes.

Für kleine und große Naschkatzen: der Sanddornzucker aus dem Hofladen in Nantrow

Tipps Salzhaff

ANREISE:
Mit dem Auto: A20 bis Kreuz Wismar, weiter auf der A14 und B105

Mit der Bahn: mit der Regionalbahn von Wismar oder Rostock nach Neubukow

ÜBERNACHTEN:
Heuhotel Katharinenhof, Katharinenhof 2, Wodorf-Blowatz

Landgut Lischow, Lischow 21, Neuburg

Galerie-Holländer-Windmühle, Mühlentor 8c, Neubukow

GASTRONOMIE:
Café & Hofladen SaBö, Dorfstraße 16, Nantrow

NATUR:
Naturparkzentrum, Am Markt 1, Warin

KULTUR:
Dorfmuseum in der Scheune, Stove

Technisches Denkmal Holländermühle, Stove

Heinrich Schliemann Gedenkstätte, Am Brink 1, Neubuckow

Wassermühle, Mühlentor 4, Neubukow

FREIZEITAKTIVITÄTEN:
Kreativferien im Kunsthaus, Mühlenstraße 12, Stove

Surfcamp San Pepelone, Sandweg 1, Am Salzhaff

Kiteschule, Zum Strand 12, Boiensdorf

Kutsch- und Kremserfahrten, Landgut Lischow, Lischow 21, Neuburg

SHOPPING:
Café & Hofladen SaBö, Dorfstraße 16, Nantrow

WEITERE INFOS:
www.neubukow.de

Wustrow
Kroy
NSG
Salzhaff
Kieler Ort
Langenwerder
Boiensdorfer Werder
Gaarzer Hof
Wischuer
Büttelkow
Blengow
Biendorf
Roggow
Zweedorf
Russow
Körchow
Jörnstorf
Dorf Jörnstorf
Teßmannsdorf
Am
Steinbrink
Malpendorf
Rakow
Pepelow
Sprichusen
Salzhaff
Busch-mühlen
Lehnenhof
Uhlenbrook
Klein Strömkendorf
Gollwitz
Werder
Boiensdorf
NEUBUKOW
B 105
POEL
Kirchdorf
Vorwerk
Stove
Bantow
Questin
Krempin
Niendorf
Panzow
Dreveskirchen
Damekow
Malchow
Niendf.
Alt Bukow
Teschow
Ravensberg
Blowatz
Zarfzow
Wodorf
Friedrichsdorf
Vogelsang
Nantrow
Clausdorf
Neu Wodorf
Heidekaten
Robertsdorf
Garvensdorf
Fährdorf
Breitling
Lischow
Neu Nantrow
Klein Mulsow
Alt Farpen
Hagebök
Ilow
Groß Strömkendorf
Talsperre Farpen
Madsow
Kirch Mulsow
Hof Redentin
Krusenhagen
Neu Farpen
Neuburg
Steinhagen

Ein Paradies für Wasserratten

Was gibt es Schöneres an heißen Tagen als den Tag am Strand zu verbringen. Im kleinen Ostseebad Rerik kommen Wasserratten auf jeden Fall auf ihre Kosten. Es ist nur ein kurzer Fußweg von gerade einmal einhundert Meter vom Ostseestrand zum Haff, wo man in ruhigem Gewässer surfen, paddeln oder segeln kann. Auch wer selbst keine dieser Sportarten betreibt, kann ganz entspannt vor einem der Restaurants und Cafés an Reriks kleinem Hafen die Wassersportler beobachten.

Eine Halbinsel im Dornröschenschlaf

Die Halbinsel Wustrow war seit 1933 militärisches Sperrgebiet mit Kasernen und Übungsplätzen. Erst 1993 wurde die militärische Nutzung beendet. Seitdem ist sie einer der vielen sogenannten lost places in diesem Land. Bis heute ist das Gelände wegen Munitionsrückständen gesperrt. Einem Investor, der einen Ferienpark mit Hotels, Reitgelände und Golfplatz auf der Halbinsel plante, verweigerte die Gemeinde Rerik die Erlaubnis aus Angst vor Massentourismus. Seitdem war das Betreten des Areals verboten. Erst seit 2018 erlaubt der Investor Planwagenfahrten und Führungen über das verwilderte und bewaldete Gelände, auf dem der Künstler Günther Uecker, der hier als Kind eines Wehrmachtsangehörigen aufgewachsen ist, 2002 bis 2008 in einer Hütte lebte, bis es ihm vom Landratsamt untersagt wurde. Der westliche Teil der Halbinsel steht unter Naturschutz, ansonsten gehört sie zum EU-Vogelschutzgebiet „Küstenlandschaft Wismar-Bucht« und ist mit ihren Feuchtgebieten von nationaler Bedeutung. Etwa 90 Brutvogelarten sind hier angesiedelt.

Die weite Naturlandschaft rund um das Ostseebad Rerik hält alle Attribute für einen erholsamen Urlaub bereit: kilometerweiter Naturstrand, Naturbeobachtungen, Ausflüge in die Vergangenheit beim Besuch der Großsteingräber von Gaarzerhof und jede Menge Freizeitaktivitäten. Das Ostseebad Rerik liegt direkt am Übergang zur Halbinsel Wustrow, einerseits zur Ostsee, andererseits zum Salzhaff und direkt am europäischen Fernwanderweg.

Das Haff bei Rerik ist ideal für alle Arten von Wassersport

Ein traditionelles Fischerdorf

Entspannen und Erholen ist oberstes Gebot in Rerik. Gemütlicher Mittelpunkt des Feriendaseins ist der Haffplatz mit diversen Restaurants und Blick auf den kleinen Hafen, in dem auch einige Fischerboote ihren Platz haben. Seit Generationen betreiben hier Fischerfamilien die Fischerei noch hauptberuflich. Die Restaurantbesitzer vor Ort wissen das zu schätzen und die Urlauber freuen sich, wenn sie die Fischkutter von der Haffpromenade aus beobachten können. Die Erlebnisräucherei Scheller lädt täglich zum Schauräuchern ein. Gleich neben der Räucherei ist ein Ganggrab aus der Jungsteinzeit zu besichtigen.

An der Haffpromenade sticht auch der Ausflugsdampfer MS »Ostseebad Rerik« in See beziehungsweise ins Haff. Auf der

links Heimatkunde in der ehemaligen Schule: das Heimatmuseum Rerik

rechts Entspannung und vieles zu bestaunen findet man in der St.-Johannes-Kirche

Ostseeseite gleitet der Blick von der 170 Meter ins Meer ragenden Seebrücke über den Strand mit den farbenfrohen Windmuscheln der Badegäste. Beim Bummel durch den Ort trifft man auf ein kleines Heimatmuseum. Untergebracht in einer ehemaligen Schule wird hier die Geschichte des Fischerdorfes lebendig. Gleich nebenan ist die »Kösterschün«, ein Begegnungsort und kultureller Mittelpunkt Reriks. Ein weiterer Ort für kulturelle Darbietungen ist die frühgotische St.-Johannes-Kirche aus dem 13. Jahrhundert. Sie birgt enorme Schätze. Ein Augenschmaus ist der spätbarocke schwebende Taufengel. Während der regelmäßig stattfindenden Sommerkonzerte kann man zum Klang der Orgel mit über 1000 Pfeifen die leichte, fröhliche Ausmalung des Kirchenraumes von 1668 auf sich wirken lassen oder die mit geschnitzten Ornamenten reich verzierte Kanzel und die Patronatslogen bewundern. Um die Kirchenglocken hat sich der durch seine Nagelbilder bekannt gewordene Maler und Objektkünstler Günther Uecker verdient gemacht. Zugunsten der Glocken, die er auch künstlerisch gestaltet hat, ließ er seine »genagelte Spirale« 2012 in Berlin versteigern.

Himmlische Ruhe im Herrenhaus Blengow

Himmlische Ruhe inmitten von Wiesen, Feldern und Wäldern verspricht das Herrenhaus in Blengow, einem südöstlichen Ortsteil von Rerik. Achtzehn komfortable Ferienwohnungen stehen für Urlauber in diesem klassizistischen Gebäude zur Verfügung. Ein Skulpturenpark mit teilweise seltenen Bäumen und Liegewiese lädt ein zum einsamen Sonnenbaden. Ein Wanderweg führt vom Haus direkt zum Salzhaff und Ostseestrand.

Der idyllische Dorfteich vor dem Gutshaus Blengow

Ferien auf dem Gutshof

Zwischen Rerik und Kühlungsborn, nur etwa 800 Meter entfernt vom Leuchtturm Bastorf, der mit seinen etwa 21 Metern Höhe auf dem Bastorfer Berg steht und weithin sichtbar ist, versteckt sich ein kleines Paradies: der Gutshof Bastorf. Mit seinen denkmalgeschützten Reetdachscheunen inmitten von Blumen und altem Baumbestand vermittelt er eine ganz besondere dörfliche Romantik und wurde schon mit vielen Preisen ausgezeichnet, unter anderen als Ferienhof des Jahres. Ein erstes Hallenhaus hat seinen Ursprung im Jahre 1750, 1820 kam eine erste Scheune dazu, um 1900 ein Wohnhaus. Seit 1997 wird das idyllische Hofensemble auf dem 2,5 Hektar großen Anwesen touristisch genutzt. Gesundheit und Wellness wird auf dem Gutshof Bastorf groß geschrieben. Neben dem heilsamen Küs-

Für eine kurze Erfrischung oder einen längeren Aufenthalt kehrt man im Gutshof Bastorf ein

Der Leuchtturm Bastorf auf dem Signalberg

tenklima umsonst und draussen gibt es ein Wellnesshaus mit finnischer Sauna, Bio-Sauna, kreislaufschonendem Tepidarium und Whirlpool. Ein ganz besonderer Badespaß ist das Gutsherren Badefass, auch Hot Tub genannt. Bis zu sechs Personen können sich in diesem Fass vergnügen. Ayurvedaanwendungen, Yoga und die reinigende Wirkung des Heilfastens nach der Buchinger-Methode sorgen für nachhaltiges Wohlbefinden. Etwas mehr Action fordern Fitness- oder Lenkdrachenkurse. In naher Umgebung wird Segeln, Brandungsangeln oder Reiten angeboten. Golfer können ihr Handicap auf dem nahen Golfplatz in Wittenbeck verbessern.

Die ideale Ergänzung zum Ferienbereich ist der gut sortierte Hof-Markt mit Bistro. Den Verbraucher erwarten beste Produkte aus der Region. Es gibt sogar eine kleine Bonbonmanufaktur. Schon der Einkauf in dieser schönen Atmosphäre ist ein Genuss!

Tipps Salzhaff

ANREISE:

Mit dem Auto: die B105 bis Kröpelin, weiter auf der L122 nach Rerik

Mit der Bahn: RB11 von Wismar oder Rostock bis Neubuckow, weiter nach Rerik mit dem Bus 105

ÜBERNACHTEN:

Herrenhaus Blengow, Lindenallee 21, Rerik

Gutshof Bastorf, Kühlungsborner Straße 1, Bastorf

GASTRONOMIE:

Erlebnisräucherei Scheller, Zum Dolmen 3, Ostseebad Rerik

SEHENSWÜRDIGKEITEN:

Großsteingräber von Gaarzerhof

NATUR:

Mit dem Planwagen nach Wustrow

KULTUR:

Sommerkonzerte in der St.-Johannes-Kirche, Rerik

Heimatmuseum und Kösterschün, Dünenstraße 4, Rerik

FREIZEITAKTIVITÄTEN:

Dampferfahrt übers Haff mit MS »Ostseebad Rerik«

Angelfahrten ab Seebrücke, Rerik

SHOPPING:

Hofmarkt Gutshof Bastorf, Kühlungsborner Straße 1, Bastorf

WEITERE INFOS:

www.rerik.de

Meschendorf
Mechelsdorf
Bastorf
RERIK
Wendelstorf
Hohen Niendorf
Wichmannsdorf
Garvsmühlen
Gaarzer Hof
Horst
Wischuer
Büttelkow
Blengow
Wustrow
Salzhaff
Roggow
Zweedorf
Biendorf
Russow
Körchow
Kroy
NSG
Jörnstorf
Teßmannsdorf
Steinbrink
Dorf Jörnstorf
Am
Hellbach
Malpendorf
Rakow
Spriehusen
Pepelow
Kieler Ort
Westenbrügge
Boiensdorfer Werder
Salzhaff
Buschmühlen
Lehnenhof
Klein Strömkendorf
Uhlenbrook
Werder
B 105
NEUBUKOW

RESTAURANT
CAFE
FOOD & ICE

Backsteingotik und Klassizismus

Das Gute liegt im Kamp, dem kleinen Park im Herzen Bad Doberans, sehr nah beieinander. Nachdem man die Kunst in der Galerie im Roten Pavillon genossen hat, bedarf es nur einiger Schritte zu den kulinarischen Genüssen des Restaurants im Weißen Pavillon nebenan. Anschließend geht es weiter zum ehemaligen Zisterzienser-Kloster zu einem Spaziergang im weitläufigen Klosterpark, zur Besichtigung des Doberaner Münsters oder in den Klosterladen, der eine Vielfalt regionaler Spezialitäten bietet.

Nostalgische Momente

Zwischen Rostock und Wismar in waldreicher Umgebung gelegen, versprüht Bad Doberan den Charme eines ruhigen Erholungsortes. Ganz unaufgeregt flaniert man hier im Bachgarten, einem Landschaftspark im englischen Stil mit Wasserläufen und kleinen Brücken im Schatten des Münsters, genießt die Sommerkonzerte auf dem Kamp und fängt an zu verstehen, warum die mecklenburgischen Herzöge den Ort im 18. Jahrhundert zu ihrer Sommerresidenz erkoren haben.

Das fröhliche Bimmeln der »Molli« ist weithin in der Innenstadt von Bad Doberan zu hören. Fährt die nostalgische Schmalspurbahn, übrigens eine der ältesten der Welt, doch mitten durch die enge Hauptgeschäftsstraße. Da heißt es schnell mal zur Seite springen. Schwarze Rauchwolken begleiten ihren Weg von Bad Doberan, vorbei an der ältesten Galopprennbahn des europäischen Kontinents über Heiligendamm zum Endbahnhof Kühlungsborn-West, wo ihre Geschichte in einem Museum dokumentiert ist. Seit 1886 ist die historische Dampflokomotive mit mehreren Traditionswagen mit je 36 Holzlattensitzen, Buffetwagen und Gepäckwagen unterwegs. Die originalgetreu aufgearbeitete Innenausstattung verleiht der Fahrt einen ganz besonderen Erlebnischarakter.

Verbindet Bad Doberan mit Heiligendamm und Kühlungsborn: die Bäderbahn »Molli«

Auf den Spuren der Zisterzienser

Als Urzelle Doberans gilt die weitläufige Klosteranlage der Zisterzienser, die 1186 eröffnet wurde.

Das Münster, ein herausragendes Monument der Backsteingotik mit seinen vielen einzigartigen Details, steht im Mittelpunkt des Interesses. Es wurde 1368 eingeweiht. Besonders beachtenswert sind der wohl älteste Flügelaltar der

Monument der Backsteingotik: das Münster in Bad Doberan

Direkt neben dem Tor zum Klosterareal befindet sich der Klosterladen

Kunstgeschichte im Chorraum, der über elf Meter hohe älteste Sakramentsturm Deutschlands, das aufwändig geschnitzte Chorgestühl der Mönche, der doppelseitige Kreuzaltar sowie zahlreiche Grablegen. Von Mai bis September finden mittwochs um 12 Uhr Orgelmeditationen statt, in denen man nicht nur die wundervolle Musik sondern auch die gewaltige Architektur auf sich wirken lassen kann, ebenso wie bei den freitagabends stattfindenden Münsterkonzerten.

Bei einem Spaziergang im Klosterpark erschließen sich weitere interessante Gebäude, wie beispielsweise das mit glasierten Backsteinen verzierte Beinhaus gleich hinter dem Münster auf dem ehemaligen Mönchsfriedhof oder das Kornhaus neben dem Klostergarten mit kleinem Café zum Verschnaufen. Dem Kornhaus angeschlossen ist die Klosterherberge mit sieben einfachen Zimmern, die nach Pflanzen des Kräutergartens benannt sind. Am Westtor des Klosterareals, im ehemaligen Wohnhaus des Architekten Gotthilf Ludwig Möckel, der sich Ende des 19. Jahrhunderts um die Restaurierung des Münsters verdient gemacht hat, vermittelt das Stadt- und Bädermuseum interessante Einblicke in die Geschichte des Bäderwesens. Gleich nebenan, im Bachgarten, lässt es sich ganz entspannt zwischen schilfgesäumten Seen und Wasserläufen in den Tag träumen. Gelegentlich finden hier Open-Air-Konzerte statt. Am Rande erinnert ein modernes Denkmal an die Opfer des Faschismus.

Begegnungsstätte und Bildungszentrum sowie Unterkünfte und Café haben im Kornhaus ihren Platz gefunden

Hofbaumeister von Severin prägte das Stadtbild

Der dreieckige Platz mit dem Namen Kamp, eine ehemalige Kuhwiese, ist das grüne Herz der Stadt.

Mit seinen zwei auffälligen Gebäuden, dem Weißen Pavillon, der einen Gastronomiebetrieb beherbergt und dem Roten Pavillon, der als Kunstgalerie genutzt wird, steht er im optimalen Bezug zu den umliegenden größtenteils klassizistischen Bauten. Der alte Baumbestand trägt viel zu dieser gediegenen Atmosphäre bei.

Der Kamp: Entspannung, Gastronomie, Kunst und kulturelle Veranstaltungen

Früher logierten hier der Herzog und seine Gäste: das Hotel Friedrich-Franz-Palais

Hofbaumeister Carl Theodor von Severin entwarf neben vielen anderen Gebäuden die beiden Pavillons ebenso wie das Großherzogliche Palais, Sommersitz des Herzogs Friedrich Franz, das Großherzogliche Logierhaus, heute das Hotel Friedrich-Franz-Palais, das Salongebäude, heutiger Sitz der Kreisverwaltung, und das Prinzenpalais, ein First Class Hotel, alle östlich des Kamp gelegen. Die Fertigstellung des Logierhauses im Jahre 1796 war der Beginn des sommerlichen Stelldicheins des Hochadels in Bad Doberan.

Kultur und Kunst erleben

Neben dem Roten Pavillon auf dem Kamp, der im historischen Oktogon zeitgenössische Kunst präsentiert und sich auch der Installations- und Konzeptkunst widmet, zeigt der Kunsthof am Markt Arbeiten regionaler Künstler in den Bereichen Malerei, Keramik, Schmuck, Holz- und Filzarbeiten sowie Seidenmalerei und Lederwaren. Im historischen Alexandrinenhof von 1825 – die Gebäude wurden in den Jahren 1999/2000 saniert – befinden sich ebenfalls Werkstätten und Ateliers mit moderner Kunst.

Am nördlichen Ortsausgang von Bad Doberan lebte der Schriftsteller Ehm Welk von 1950 bis 1966. Sein Haus ist heute eine kulturelle Einrichtung, in der Lesungen, Konzerte oder andere Veranstaltungen in kleinem Rahmen stattfinden.

Ein treuer Fan

Vor den Toren Bad Doberans liegt die älteste Galopprennbahn des europäischen Kontinents. 1804 fand dort ein erstes Pferderennen auf freiem Feld statt, 1822 ein erstes Galopprennen mit Vollblutpferden. 1827 dann wurden erste Tribünen im Stil der Bäderarchitektur für die Zuschauer errichtet, in den Folgejahren wurde die Bahn ausgebaut. Ab 1915 konnte der Rennbetrieb durch wirtschaftliche und politische Krisen nicht mehr aufrecht gehalten werden. Erst seit 1993 finden wieder regelmäßig Galopprennen statt.

Seit 1990 findet auf dem Gelände der Galopprennbahn ein Ereignis ganz anderer Art statt: die Zappanale, ein mehrtägiges Live-Musik-Festival. Und das kam so: Ein langjähriger Fan des us-amerikanischen Komponisten und Rockmusikers Frank Zappa, hatte zu DDR-Zeiten einen Fan-Club gegründet und 1990 die erste Zappanale mit etwa 50 Zuschauern in Althof bei Bad Doberan veranstaltet. Im Laufe der Jahre wurde das Festival professioneller und neben Musikern, die einst mit Zappa spielten und Cover-Bands traten auch Künstler mit eigener, von Frank Zappa inspirierter Musik, auf. Vorträge und

Denkmal für einen Rockstar: die Frank-Zappa-Büste am Alexandrinenplatz

Theaterstücke ergänzten das Festival-Programm. 1999 entstand die Idee zu einem Zappa-Denkmal, die vom Bildhauer Vaclay Cesak umgesetzt wurde und seit 2002 steht die Büste des berühmten Musikers auf dem Alexandrinenplatz in Bad Doberan.

Ostrock und Kunsthandwerk

Auf ganz andere Weise begegnet man der Musik nur 12 Kilometer von der Ostsee entfernt in Kröpelin. Mit einem interaktiven Ausstellungskonzept zeichnet das Ostrockmuseum die Geschichte des Ostrock nach. Professionell und liebevoll wird dem Besucher die Musikindustrie der DDR auch mit audio-visuellen Elementen nahegebracht. Ob Plattenladen oder Bühne, ob Tonstudio zum Ausprobieren oder Funktionärsschreibtisch, an alles ist gedacht. Das Konzept für das 2015 eröffnete Erlebnismuseum wurde von Studenten der Hochschule Wismar erarbeitet. Natürlich gibt es auch Originalschaustücke wie Instrumente oder Kleidungsstücke der Legenden der DDR-Rockszene, wie Karat, Silly, Puhdys, City, Karussell oder Renft. Hier können Musikfans schwelgen. Seit 1996 findet im winzigen Ortsteil Schmadebeck jährlich im Juli der Dorfrock, ein Musikfestival mit Kultcharakter, statt.

links Schlangestehen für die neueste Scheibe: historischer Plattenladen im Ostrock-Museum

rechts Erinnerung an die Musikszene in der DDR: ein Saxophon der Renft-Combo

Pittoreske Präsentation des Kunsthandwerks im Garten der Glashütte

Im gleichen Haus wie das Ostrockmuseum ist auch das nicht minder interessante Stadtmuseum untergebracht.

Zwischen Bad Doberan und Kröpelin erreicht man auf schmalen Wegen das Dorf Glashagen, wo sich eine kleine Künstlerkolonie angesiedelt hat. Viel Abenteuerlust wird dem Besucher mit der engen Holperstraße durch Wald und Feld abgerungen, ehe er gefühlt am Ende der Welt zunächst auf die »Hofgalerie Südseeträume«, wo in einem 200 Jahre alten Bauernhaus nachhaltige Möbel und Skulpturen aus Treibholz, Rattan und Bambus hergestellt werden, später auf eine Glashütte, ein Porzellanstudio und eine Keramikmanufaktur mit Skulpturenpark trifft. Die Mühe der schwierigen Anfahrt lohnt sich allemal.

Tipps Bad Doberan

ANREISE:

Mit dem Auto: von Rostock oder Wismar über die B105

Mit der Bahn: RB11 von Rostock oder Wismar sowie mit der Bäderbahn »Molli« von Heiligendamm und Kühlungsborn

ÜBERNACHTEN:

Hotel Friedrich-Franz-Palais, August-Bebel-Straße 2, Bad Doberan

Hotel Prinzenpalais, Alexandrinenplatz 8, Bad Doberan

Kornhaus, Klosterhof 1, Bad Doberan

GASTRONOMIE:

Klosterküche, Beethovenstraße 10, Bad Doberan

Weißer Pavillon, Auf dem Kamp 1 / Severinstraße, Bad Doberan

SEHENSWÜRDIGKEITEN:

Klosteranlage und Münster, Klosterstraße 2, Bad Doberan

Stadt- und Bädermuseum, Beethovenstraße 8, Bad Doberan

KULTUR:

Zappanale auf der Galopprennbahn, jährlich im Juli

Ehm Welk-Haus, Dammchaussee 23, Bad Doberan

Münster, Klosterstraße 2, Bad Doberan

Ostrock- und Stadtmuseum, Hauptstraße 5, Kröpelin

FREIZEITAKTIVITÄTEN:

Fahrt mit der Schmalspurbahn »Molli«, Bahnhöfe Bad Doberan Stadtmitte oder Goethestraße

Besuch der Gallopprennbahn zu Pferderennen oder Musikveranstaltungen

SHOPPING:

Kunsthof Bad Doberan,
Am Markt 3, Bad Doberan

Bad Doberaner Klosterladen,
Klosterstraße 1a, Bad Doberan

Hofgalerie »Südseeträume«,
Hof 5, Glashagen

Glashagenhütte, Ausbau 4,
Glashagen

Porzellanstudio,
Ausbau 4, Glashagen

WEITERE INFOS:

www.bad-doberan.de

Mondänes Hotel oder Resort für Familien

Majestätisch liegen die strahlend weißen Gebäude des Grand Hotels am Strand von Heiligendamm. Hier, wo sich früher der Adel und in jüngerer Zeit die Mächtigen der Welt zum G8-Gipfel trafen, erlebt der Gast Luxus pur. Fährt man an der Küste entlang weiter nach Osten wird es volkstümlicher: von den Naturstränden in Börgerende bis hin zum Gespensterwald vor Nienhagen. Dort kann man es sich in den gemütlichen Häusern des Resort »Seepferdchen« aber ebenso gut gehen lassen.

Seeheilbad Heiligendamm – Adel verpflichtet

Groß und mondän ist die Vorstellung von Heiligendamm. Dennoch fällt der Ort und der Küstenabschnitt drumherum eher durch Bescheidenheit auf. Die Strände werden naturbelassen, das heißt, es sammeln sich jede Menge Seegras, Tang und Algen. Zudem sind die Strände teilweise recht steinig. Das sogenannte Treibsel am Strand hat aber eine wichtige Funktion als Lebensraum beispielsweise für Würmer und Krebse. Diese wiederum dienen Fischen und Seevögeln als Nahrung. Zudem fungiert das Treibsel als Küstenschutz und reduziert die Sandabtragung.

Dem Rat seines Leibarztes folgend, nahm Herzog Friedrich Franz I. von Mecklenburg-Schwerin ein Bad im Meer zum Wohle seiner Gesundheit. Dieses Bad bekam dem Herzog offenbar so gut, dass es nachhaltige Folgen hatte. 1793 wurde somit in Heiligendamm an der Ostsee das erste Seebad Deutschlands gegründet. Da der Weg vom sechs Kilometer entfernten Bad Doberan, wo die herzogliche Familie logierte, damals noch recht beschwerlich war – erst ab 1886 fuhr die Schmalspurbahn »Molli« nach Heiligendamm – wurde 1796 das erste Badehaus, heute Haus Mecklenburg, eröffnet. Heiligendamm empfahl sich dafür durch seine klimatischen Vorzüge und die kulturelle Bedeutung des nahen Bad Doberan. Hier konnte man das Angenehme mit dem Nützlichen verbinden: gesunde Luft und heilsame Badefreuden mit gesellschaftlichem Leben, unter anderem mit Pferderennen und Kasinobesuchen.

Zwischen 1814 und 1877 entstand direkt an der Ostsee ein einzigartiges Ensemble von Logier-, Bade- und Gesellschaftsgebäuden, die wie in Bad Doberan nach Plänen des Architekten Carl Theodor Severin in feinster Klassizismus-Manier erstrahlten und später als »Weiße Stadt am Meer« bekannt wurden. Prunkvoll und elegant beeindruckt bis heute das Kurhaus mit seinen markanten dorischen Säulen, verbunden mit dem Haus Mecklenburg, die Burg Hohenzollern, erbaut 1846 bis 1849, das Grand Hotel von 1872, das Severin Palais mit seinem 3.000 Quadratmeter großen Spa und Wellnessbereich und die Orangerie, die in einer Galerie wechselnde Ausstellungen mit Werken arrivierter Künstler zeigt. Es gibt sogar eine strahlend weiße Kindervilla, in der die lieben Kleinen betreut werden.

Die Promenade in Heiligendamm kommt sehr schlicht daher

oben Speisen vor einem eindrucksvollen Säulenportal im Grand Hotel

unten Leckere Speisen und Eisenbahnromantik: der Bahnhof Heiligendamm

Im Gegensatz zu diesem herrlichen Anblick gibt es benachbart an der Strandlinie noch immer einige marode Objekte, deren desolater Zustand nicht hierher zu passen scheint, beispielsweise das Haus Hirsch, ein Paradebeispiel feinster Bäderarchitektur, leider dem Verfall preisgegeben.

Der Strand in Heiligendamm kommt einigermaßen unprätentiös daher, hinter einer Düne, die mit Hagebuttensträuchern und Sanddorn bewachsen ist, verbirgt sich ein schmaler, naturbelassener, wenig attraktiver Strand, der kaum frequentiert wird. Die Promenade und die 200 Meter lange Seebrücke sind schlicht und entsprechen nicht dem mondänen Grand Hotel. Aber einmal im Jahr, im Juni, steht die Seebrücke beim »Historischen Anbaden« im Fokus. Dann wird die traditionelle Badekultur in historischen Badekleidern mit Musik, Tanz und Spielszenen aus den guten alten Zeiten um Großherzog Friedrich Franz zelebriert. Gäste, die mit der »Molli« kommen, haben Gelegenheit das Empfangsgebäude des »Molli«-Bahnhofs von 1910, welches 1934 wegen eines höheren Fahrgastaufkommens um einen Wartesaal erweitert wurde, zu einer kulinarischen Pause zu nutzen. Das Restaurant »Herzoglicher Wartesaal« verwöhnt mit leckeren Speisen und flottem Service. Bis es dann heißt: höchste Eisenbahn! Heiligendamm hat seit Juni 2007, als der G8-Gipfel hier tagte, auch internationales Interesse erfahren.

Die Kühlung

Ein toller Tipp, nicht nur für heiße Tage, ist nordwestlich von Kröpelin eine Wanderung durch die Kühlung, ein wunderschönes Waldgebiet mit Mittelgebirgscharakter, das mit seiner ursprünglichen Vegetation, Tümpeln, Bächen und

Schluchten eine abwechslungsreiche und erfrischende Abwechslung zu Stadtbesichtigungen und Strandleben ist. Das zum Teil hügelige Gelände von etwa elf Kilometer Länge und bis zu drei Kilometer Breite wird von zahlreichen Rad- und Wanderwegen durchzogen. Die höchste Erhebung ist der Diedrichshagener Berg mit fast 130 Metern. Alte Gräber aus der Jungsteinzeit weisen auf eine frühe Besiedlung dieses Gebietes hin.

Ein Bio-Vorzeigehof

Das Gut Vorder Bollhagen südlich von Heiligendamm gehört einem Netzwerk von 240 Biohöfen an, die ihre Betriebe gern der Öffentlichkeit zugänglich machen. Im Jahre 2004 wurde der Betrieb auf ökologischen Landbau umgestellt. Auf 720 Hektar Land wird zum einen Ackerbau mit Getreide und Kartoffeln, zum anderen eine breitgefächerte Viehzucht mit Rindern, Schafen, Ziegen und Geflügel betrieben. Diese breite Produktpalette ermöglicht die Direktvermarktung der qualitativ hochwertigen Bioprodukte sowohl im eigenen Hofladen, der nicht nur aus der umliegenden Region stark frequentiert wird, als auch über die gehobene Gastronomie. Eine Besonderheit in der Geflügelhaltung sind fünf mobile Hühnerställe, die den Tieren immer frisches Gras, genügend Auslauf und auch Schutz gewähren. Einmal im Jahr laden 62 Bio-Betriebe in Mecklenburg und Vorpommern zur Bio-Landpartie, um dem Publikum die Vielfalt und Qualität des ökologischen Angebots zu präsentieren.

Hinter Bollhagen – ein kleines Paradies für Fayencen-Liebhaber

Westlich von Heiligendamm, direkt an der Durchgangsstraße, in einem reetgedeckten alten Bauernhaus ist die Fayencerie-Zander zu finden. Mutter und Tochter bemalen hier mit ruhiger Hand und viel Liebe zum Detail Keramik. Im Schauatelier sind die hochwertigen Fliesen, Vasen und Geschirre

Bio-Produkte direkt vom Erzeuger bietet das Gut Vorder Bollhagen

Kunstvoll bemalte Keramik von Mutter und Tochter

mit Pflanzen-, Tier- oder Landschaftsmotiven zu bestaunen und zu erwerben. Alles wunderschöne Unikate. Der Besuch lohnt sich.

Ein Ort für einsame Stranderlebnisse

Östlich von Heiligendamm, angrenzend an die Conventer Niederung, ein Moorgebiet von 1200 Hektar, von denen 216 Hektar rund um den Conventer See unter Naturschutz stehen, liegt das Örtchen Börgerende. Der Conventer See, eine ehemalige Meeresbucht ist einer der wichtigen Brut- und Rastplätze für Sumpf- und Wasservögel an der Ostseeküste. Etwa 14 Kilometer lang ist eine Radtour rund um den See mit herrlichen Ausblicken auf die Natur. Wer dem hektischen

Treiben von Kühlungsborn oder Warnemünde entgehen will, ist am naturbelassenen, rustikalen Strand von Börgerende genau richtig. Weder Liegestühle noch Gastronomie stören den erholsamen Strandausflug, dafür ist der gepflegte Picknickkorb gefragt. Am Strand ist weithin einer von ehemals 27 Grenzwachtürmen aus DDR-Zeiten sichtbar. Von ihm aus konnte die Grenzbrigade bis zu zwölf Seemeilen weit eventuelle Fluchtversuche erspähen. Auch für Reiter ist Börgerende ein ideales Urlaubsziel. Das Reitcamp, nur etwa zehn Minuten zu Fuß vom Strand entfernt, bietet neben seiner modernen Reitanlage und 14 gemütlichen Ferienhäusern auch Ausritte am Strand an. Wanderer nutzen den hinter der Steilküste liegenden landschaftlich reizvollen Wanderweg ins Ostseebad Nienhagen.

Der DDR-Grenzwachturm erinnert an vergangene Zeiten

Kein Trubel weit und breit

Abseits des Massentourismus hat sich das Ostseebad Nienhagen, westlich von Warnemünde, mit seiner moderaten Bebauung und bescheidenen Infrastruktur das Flair eines total entspannten Urlaubsortes erhalten. Feriengäste logieren hauptsächlich in Ferienwohnungen und -häusern. Das »Ferienresort Seepferdchen«, ein großzügiges Areal mit 78 komfortablen Ferienhäusern ist ideal für den Familienurlaub.

Der vier Kilometer lange Naturstrand teilt sich in den feinsandigen Hauptstrand und den östlich gelegenen steinigen Strandbereich. Sowohl FKK-Anhängern als auch Hundebesitzern werden gesonderte Strandbereiche zugewiesen. Gen Westen zieht sich der Gespensterwald entlang der abbruchgefährdeten Steilküste. Ein Wald, der durch Wind und Wetter teilweise bizarre Formen angenommen hat. Durch ihn hindurch führt auch der

Die Unterkunft im Seepferdchen-Resort ist besonders für Familien geeignet

oben Beschauliches Strandleben bestimmt den Urlaub in Nienhagen

unten Direkt an der Steilküste liegt der Gespensterwald

Europäische Radwanderweg E9, der immer wieder Blicke auf die Ostsee mit ihren Buhnen und kreuzenden Seglern freigibt.

Ein großer Fan dieses beschaulichen Örtchens war der Maler Lovis Corinth, der sich zwischen 1909 und 1917 hier zu manchem Gemälde inspirieren ließ.

Tipps Heiligendamm bis Nienhagen

ANREISE:

Mit dem Auto: auf der B105 nach Bad Doberan, von dort auf der L12 nach Heiligendamm oder Nienhagen

Mit dem Bus: von Rostock mit dem Bus 121 nach Heiligendamm

ÜBERNACHTEN:

Grandhotel Heiligendamm, Bad Doberan-Heiligendamm

Pension Reitcamp Börgerende, Sonnensteg 50, Börgerende-Rethwisch

Ferienresort »Seepferdchen«, Ostseebad Nienhagen

GASTRONOMIE:

Restaurant Herzoglicher Wartesaal, Kühlungsborner Straße 4, Am Molli-Bahnhof, Heiligendamm

SEHENSWÜRDIGKEITEN:

Ehemaliger Grenzturm in Börgerende

NATUR:

Die Kühlung, nördlich von Kröpelin

Gespensterwald, Ostseebad Nienhagen

Conventer See, Börgerende

KULTUR:

Galerie in der Orangerie, Kühlungsborner Straße 22, Heiligendamm

FREIZEITAKTIVITÄTEN:

Reitcamp Börgerende, Sonnensteg 50, Börgerende-Rethwisch

SHOPPING:

Fayencerie-Zander, Am Wasserwerk 3a, Hinter Bollhagen

Gut Vorder Bollhagen, Hofladen, Hauptstraße 1, Vorder Bollhagen

WEITERE INFOS:

www.bad-doberan-heiligendamm.de

Nienhagen
KÜHLUNGSBORN
Heiligendamm
Börgerende-
Rethwisch
Elmenhors
Lichte
hag
Conventer
See
NSG
Stein-
beck
Klein-
Bollhagen
Hinter-
24
Mühlenfließ
Bahrenhorst
1
Admannshagen
Wittenbeck
Vorder
Bollhagen
25
BAD DOBERAN
Rabenhorst
Bargeshagen
Stege
Wich-
Diedrichs-
130
hagener Berg
Steffens-
hagen
Brod-
hagen
B 105
Lambrechts-
hagen
Horst
100
Diedrichshagen
Jennewitz
Bartenshagen-
Parkentin
Boldenshagen
Hundehagen
Stülow
Althof
Reddelich
24
Gersdorf
Bollbrücke
Glashagen
Hohenfelde
Hütten
Hanshagen
Brusow
103
Ivendorf
Neuhof
Wilse
Neu
Hohenfelde
Sandhagen
KRÖPELIN
28
25

Deutschlands größter Küstenwald

Im Rhododendronpark in Graal-Müritz lässt es sich wunderbar entspannen. Anschließend geht es an den Strand, auf Entdeckungstour durch den Ort oder auf einen größeren Ausflug durch die kühlen Wälder der Rostocker Heide, hin zum Jagdschloss Gelbensande oder zur Hohen Düne am Ufer der Warnow.

Abwechslungsreiches Freizeitprogramm in herrlicher Natur

Deutschlands größter zusammenhängender Küstenwald, die Rostocker Heide, umfasst ein Gebiet von 6.000 Hektar. Einst Jagdgebiet und Holzreservoir, dient sie heute Wanderern, Fahrradtouristen und Reitern als Freizeitareal mit hohem Erholungswert. Mehr als 60 Kilometer ausgeschilderte Wege, darunter eine Etappe des internationalen Ostseeküsten-Radwegs von Hohe Düne nach Graal-Müritz, führen zu ausgewählten Zielen.

Für Reiter ist der Naturstrand in Stolper Ort ein absolutes Highlight. Dort ist das Reiten am Strand ganzjährig auf der Länge von drei Buhnenabschnitten erlaubt. Der Reiterhof »Stuthof« am süd-westlichen Rand der Rostocker Heide ist ein idealer Ausgangspunkt für Ausritte im Wald und an der See. Ein 2,8 Kilometer langer Entdeckerpfad zur biologischen Vielfalt der Rostocker Heide vermittelt profunde Kenntnisse. Der Rundweg beginnt am Freilandmuseum Forst- und Köhlerhof Wiethagen. Seit 1837 existiert an diesem Ort ein noch immer funktionstüchtiger, historischer Teerschwelofen. Der Köhlerhof ist auch jährlicher Treffpunkt für ein Holzbildhauerpleinair. Seit 2003 gibt es einen Skulpturenpfad und seit 2009 einen Märchenwald mit bislang zehn Märchenensembles zu bestaunen.

Seit Ende des 19. Jahrhunderts gab es direkt am östlichen Ufer des Breitling in einer ehemaligen Revierförsterei mit Kruggerechtigkeit das Ausflugslokal »Schnatermann«, das sich zur Kultgaststätte entwickelte. Im Umfeld ist ein winziger Hafen Anlaufstelle für Fahrgastschiffe. So wird dieser Anleger auch von einem Mississippidampfer auf der Route von Warnemünde nach Markgrafenheide frequentiert. Der »Schnatermann« musste leider schließen, das Gebäude und die Lage sind trotz momentanem Leerstand einen Ausflug wert. Ein schöner Anblick ist es auch, wenn sich der Schaufelraddampfer seinen Weg durch den Schilfgürtel des Naturschutzgebietes bahnt.

Urlaub auf hohem Niveau

Hohe Düne, das ist ein Ortsteil von Rostock, Militärstützpunkt der Deutschen Marine und ein Yachthafen vom Feinsten mit 920 Liegeplätzen für Yachten bis zu 60 Meter. Der Yachthafen und die Luxushotelanlage »Yachthafenresidenz« sind 2005 im Rahmen der Olympia-Bewerbung der Stadt Leipzig für die Sommerspiele 2012 an der Ostseite der Warnow-Mündung entstanden. Mit den Spielen wurde es bekanntlich nichts, dafür verfügt Hohe Düne jetzt über ein Luxusreservat erster Güte. Rund um die Fünf-Sterne-Marina mit dem Yachtclub hat das Areal alles, was der Mensch

Der idyllische Hafen am Schnatermann ist auch Haltepunkt für Fahrgastschiffe

oben Mit Wellness vom Feinsten lockt das Hohe Düne Spa

unten Schlemmen mit Blick auf den Yachthafen Hohe Düne

zur Entspannung braucht: ein SPA mit Wellness-Angeboten aus aller Welt, eine Shopping-Mall, Cafés und Bars, eine breite Palette von Wassersportmöglichkeiten und, damit Eltern sich auch mal von ihren Kindern erholen können, Superbetreuungsangebote für die Kleinen. Ankunft und Auslaufen der Kreuzfahrtschiffe und großen Pötte im Hafen von Warnemünde laufen wie ein Film an den Augen der Gäste vorbei, und wer eintauchen will in die große weite Welt, nimmt kurzerhand die Warnowfähre und ist in wenigen Minuten auf Warnemündes Flaniermeile.

Einen kleinen Abstecher wert ist auch die »Kerzenscheune« in Richtung Rövershagen. Eine Kerzenmeisterin ist im unermüdlichen kreativen Einsatz rund um das Kerzenziehen und -gießen. Besucher können selbst tätig werden und sich ihre Traumkerze erschaffen. Ansonsten lässt es sich herrlich stöbern in einem riesigen Angebot von Kerzen und Dekorationsartikeln und so manches Mitbringsel hat hier seinen Ursprung.

An der Ostmole der Warnow sorgt das Marine Science Center für außerordentliche Erlebnisse. Das Robbenforschungszentrum, ein Institut der Universität Rostock, arbeitet hier mit Robben, Seehunden und Seelöwen, die aus Zirkussen und Zoos

Im Robbenforschungszentrum sind die Meeressäuger ganz nah zu beobachten

ausgegliedert wurden. Die Mitarbeiter geben einen Einblick in die Forschungsarbeit mit den Meeressäugern, deren Orientierungsmechanismen hier in ihrer natürlichen Umgebung, einer in die Ostsee integrierten Freiwasseranlage, erforscht werden. Besucher können teilhaben durch Beobachtung der gelehrigen Tiere vom Sonnendeck des Forschungsschiffes und Informationsvorträge, können in kleinen Gruppen den Meerestieren hautnah kommen und sogar nach Voranmeldung mit ihnen schwimmen und tauchen.

Nördlich von Hohe Düne, Richtung Markgrafenheide erstreckt sich ein bis zu 50 Meter breiter, feinkörniger Strand mit FKK-Bereich. Im Anschluss daran können Kletterfähigkeiten auf sieben Parcours in Norddeutschlands größtem Kletterwald erprobt werden. Der Schönheit und Pflege widmet sich dann das StrandResort. Dort werden Urlauber zur Entspannung mit einem breiten Angebot an Massagen verwöhnt.

Gesundheit und Poesie

Die Kombination von See- und Waldluft erzeugt ein einzigartiges Bioklima und eine besondere Heilwirkung. Deshalb zählt Graal-Müritz zu den ältesten und erfolgreichsten Seeheilbädern an der Ostseeküste und unterbreitet seinen Gästen zahlreiche gesundheitsorientierte Angebote. So gibt es vier ausgewiesene Nordic-Walking-Routen. Im Gemeindehaus bittet eine Trainerin zum Street-, Fitness- oder Line-Dance. Entspannung und innere Ruhe erlangt man bei Meditations- und Qi Gong-Wochenenden. Die Thalasso-Therapie wird sowohl in Kliniken, Gesundheitszentren wie auch im Aquadrom angeboten. Das Aquadrom offeriert eine breite Palette an Aktivitäten:

Schwimmen im Meerwasser-Schwimmbecken, Nutzung einer vielfältigen Saunalandschaft sowie Fitness- und Wellness-Möglichkeiten.

Auf einem Waldlehrpfad versorgen Schautafeln den Wanderer ganz nebenbei mit Wissenswertem zur Flora und Fauna oder verleiten in einem Klangwald auf Holz zu musizieren. Auch Moorwanderungen mit Wanderführer im unter Schutz stehenden Riebnitzer Moor dienen nicht nur der Gesundheit, sondern eröffnen gleichzeitig einzigartige Perspektiven auf eine ganz spezielle Schattierung der Natur.

Ein Feuerwerk von Farben lockt im Mai und Juni Besucher in den Rhododendronpark in Graal-Müritz. Die etwa 4,5 Hektar große Parkanlage verwandelt sich dann in ein duftendes Blütenmeer von ungeheurer Intensität. Rhododendren gehören zur artenreichsten Gehölzgattung. In ihrer Blühphase bietet sich der Park natürlich zur faszinierenden Kulisse für allerlei Veranstaltungen an. Während die etwa 2.500 verschiedenen

Im Klangwald nahe des Strands von Graal-Müritz kann jeder seine eigenen Klänge erzeugen

Viele berühmte Künstler kamen nach Graal-Müritz und werden im Heimatmuseum gewürdigt

Pflanzen in Rot, Weiß, Lila, Orange oder Gelb um die Wette blühen, versuchen kulturelle Events einen Teil der Aufmerksamkeit zu erhaschen. Eine Märchennacht, Konzerte und das dreitägige Rhododendronfest sind beliebte Aktionen in diesem Ambiente. Ein Treffpunkt der besonderen Art ist die Lyrikbuche, wo sich Freunde der Poesie von Mai bis September jeden Mittwoch von 10 bis 11 Uhr zu Lesungen versammeln. Es kann aus Werken namhafter Poeten rezitiert oder auch die Wirkung eigener Werke am Publikum getestet werden. Es geht um den Genuss der schönen Worte. Diese haben auch schon Anfang des 20. Jahrhunderts berühmte Literaten, wie Kurt Tucholsky, Erich Kästner, Hans Fallada oder Franz Kafka bei ihren Aufenthalten in Graal-Müritz zu Papier gebracht. Schon deshalb hat das Städtchen eine besondere Affinität zum Literarischen. Übrigens verbrachte Kurt Tucholsky im Sommer 1920 seine Flitterwochen im »Graaler Buchenhof«, dem heutigen Heimatmuseum, das von dem Maler und Grafiker Joachim Weyrich betreut wird.

Vorbild für Schloss Cecilienhof in Potsdam

In einem riesigen Waldgebiet am Rande der Rostocker Heide am historischen Rad- und Wanderweg, liegt das Jagdschloss Gelbensande, einst gebaut als Sommerresidenz des Großherzogs Friedrich Franz III. und seiner Frau Anastasia Michailowna, einer Enkelin des russischen Zaren.

Ein architektonisches Juwel des Architekten Gotthilf Ludwig Möckel, wie es selten zu finden ist.

Einst Sommerresidenz des Großherzogs: das Jagdschloss Gelbensande

Eine unkonventionelle Kombination aus rotem und gelben Backstein mit Fachwerk, mannigfaltigen Details, wie Türmchen, Erker, Balkone, Gauben, schmiedeeiserne Elemente, Bleiglasfenster und Butzenscheiben. Immer wieder ist der russische Einfluss der Großherzogin zu entdecken. Selbst die Innenräume sind außergewöhnlich angelegt und gestaltet. Das 1887 vollendete Jagdschloss ist als Museum begehbar, eine Entdeckung der Wohnkultur und der Familienhistorie, aus der die Kinder Alexandrine, später Königin von Dänemark, Friedrich Franz IV., Thronerbe und Cecilie, spätere Kronprinzessin von Preußen, hervorgingen. In Anlehnung großer Feste, wie beispielsweise der Verlobung von Cecilie mit Kronprinz Wilhelm

Die herzogliche Wohnkultur gibt es im Museum des Jagdschlosses zu entdecken

Ein Meter Köstlichkeiten sind nur eine der Spezialitäten des Restaurants im Schloss

von Preußen im Jahre 1904, kann auch heute im Jagdschloss Gelbensande geheiratet werden. Für Wanderer und Radler ist das Restaurant »Fasano« im Erdgeschoss mit großer Sonnenterrasse ein willkommener Rastplatz. »Ein Meter Köstlichkeiten«, serviert in kleinen Schälchen auf einem ein Meter langen Holztablett, sind genau das Richtige zur Stärkung und für den Augenschmaus.

Tipps Rostocker Heide

ANREISE:
Mit dem Auto: A19 bis Rostock-Ost, weiter auf der B105

Mit der Bahn: Intercity oder Regionalexpress bis Rostock, von dort mit der Regionalbahn nach Graal-Müritz

ÜBERNACHTEN:
Yachthafenresidenz,
Am Yachthafen 1, Hohe Düne

NATUR:
MSC Robbenforschungszentrum,
Am Yachthafen 3a,
Ostmole Hohe Düne

Rhododendronpark,
Zarnesweg 3, Graal-Müritz

KULTUR:
Museum Jagdschloss Gelbensande, Am Schloss 1,
Gelbensande

Heimatmuseum, Parkstraße 21,
Graal-Müritz

WELLNESS:
SPA im Hotel Yachthafenresidenz, Am Yachthafen 1,
Hohe Düne

StrandResort,
Budentannenweg 10,
Markgrafenheide

Aquadrom,
Buchenkampweg 9,
Graal-Müritz

SHOPPING:
Kerzenscheune, Niederhagen 10,
Rövershagen

FREIZEITAKTIVITÄTEN:
Kletterwald Hohe Düne,
Warnemünder Straße 20,
Markgrafenheide

Freilandmuseum Forst- und Köhlerhof, Dorfstraße 13,
Rostock-Wiethagen

Reitstall Stuthof, Haus 10,
Rostock-Stuthof

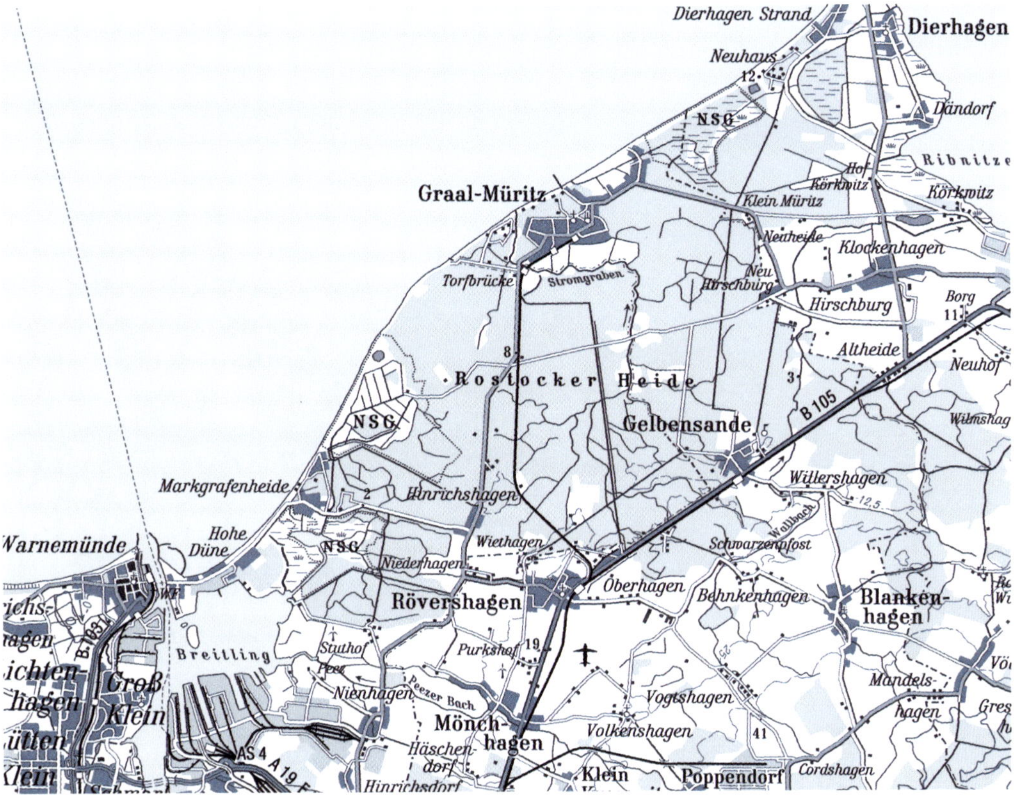

Schnatermann,
Schnatermann 1, Rostock

Heckraddampfer Schnatermann, mehrmals täglich von Warnemünde nach Markgrafenheide

WEITERE INFOS:

www.graal-mueritz.de,
www.rostock.de/urlaub-freizeit/rostocker-heide

Das »Gold des Nordens«

An heißen Tagen lädt der Brunnen »Bernsteinfischer mit Familie« auf dem Marktplatz von Ribnitz-Damgarten Kinder zum Herumtollen ein. Dem Bernstein begegnet man überall in der Stadt an der Mündung der Recknitz. Das Bernsteinmuseum im Kloster informiert umfassend über Ursprung, Arten und Verarbeitung des »Gold des Nordens« und in der Schaumanufaktur, der Bernsteindrechslerei und vielen anderen Geschäften ist Bernsteinschmuck in allen Varianten zu haben.

Die Bernsteinstadt Ribnitz-Damgarten

Die Recknitz mit ihren Sumpf- und Schilflandschaften ist die historische Grenze zwischen Mecklenburg und Pommern. Einst gehörte Ribnitz zu Mecklenburg und Damgarten zu Vorpommern. 1950 wurden beide Ortschaften zu einer Stadt vereint.

In der Erholungsstadt Ribnitz-Damgarten am südlichsten Zipfel des Saaler Boddens ist alles Gold, was glänzt, zumindest Gold der Ostsee. Auf Schritt und Tritt begegnet man den honiggelben Schätzen des Meeres, die vor Millionen von Jahren aus dem Harz von Kiefern unter extremen Klimaveränderungen entstanden und heute noch zu finden sind. Einen umfassenden Überblick über die Geschichte und Verarbeitung von Bernstein kann man sich im Deutschen Bernsteinmuseum im Kloster Ribnitz verschaffen.

In der Bernstein Schaumanufaktur in Damgarten wird auf drei Etagen die umfangreichste Verkaufsausstellung Europas präsentiert und auch zahlreiche Juweliere in der Stadt haben sich auf Bernsteinschmuck spezialisiert, etwa die »Bernstein Galerie E«, die die Tradition des Fischlandschmucks® der Firma Kramer weiterführt oder die »Bernsteindrechslerei« am Markt, die sich auch der Reparatur und Restaurierung von Bernsteinkunst in einer kleinen gläsernen Werkstatt annimmt. Einem etwas breiteren Spektrum von Naturschätzen widmet sich das Edelsteinzentrum im Ortsteil Neuheide. Etwa 700 Edelsteinarten und Fossilienschmuck werden hier angeboten. Umfangreiche Ausstellungen zur heimischen Tierwelt, Pilzen und Mineralien sowie ein paradiesischer Garten machen dieses Zentrum zu einem lohnenden Ausflugsziel.

Alle Informationen über das »Gold des Nordens« erhält man im Deutschen Bernsteinmuseum

Auf Spazierwegen die Stadt entdecken

Ribnitz-Damgarten liegt an der Europäischen Route der Backsteingotik. Einige Gebäude dieser Epoche können bei einem Stadtspaziergang noch in Augenschein genommen werden, beispielsweise das Rostocker Tor, das letzte erhaltene von einst fünf Stadttoren, erbaut in der ersten Hälfte des 15. Jahrhunderts. Auch die St.-Bartholomäus-Kirche in Damgarten, deren fünf Teilbereiche in unterschiedlichen Epochen zwischen dem 13. und 19. Jahrhundert entstanden, die Marienkirche, deren erster Bau von 1230 durch zwei verheerende Brände 1455 und 1759 immer wieder zerstört wurde und die weitestgehend erhaltene Kirche des Klarissenklosters aus dem 14. Jahrhundert

Das Rostocker Tor ist das letzte erhaltene Stadttor in Ribnitz-Damgarten

sind Zeugen dieser Zeit. Ein anderer Spaziergang folgt von der Galerie im Kloster, die in einer Dauerausstellung Grafiken des Bauhaus-Meisters Lyonel Feininger ausstellt, bunten Stelen

Das Gefühl vergangener Zeiten stellt sich bei einem Spaziergang durch die Klosteranlage ein

durch die Altstadt. Diese markieren den Blick Feiningers, der die Stadt zwischen 1905 und 1921 immer wieder besuchte, auf mittelalterliche Bauten und Häuserzeilen. Motive, die sich in seiner Arbeit niederschlugen.

Sehen und gesehen werden – auf dem Marktplatz und am Hafen

Ribnitz weitläufiger Marktplatz mit seinem modernen Brunnen lädt ein zum Innehalten. Der vom Bildhauer Thomas Jastram geschaffene Brunnen »Bernsteinfischer mit Familie« wurde 2007 von Dr. Angela Merkel der Öffentlichkeit übergeben. Der moderne Bau des Restaurants »Paganini« mitten auf dem Markt steht im Kontrast zu den umliegenden Gebäuden, teils Fachwerkbauten und dem klassizistischen Bau des Rathauses. Hinter einer der schmucken Fachwerkfassaden verbirgt sich die Kleine Fischergasse, die 1991 als erste

Einkaufspassage in einer mecklenburgischen Kleinstadt eröffnet wurde. Nicht weit vom Markt entfernt befindet sich der Ribnitzer See, der südliche Teil des Saaler Boddens. Ribnitz-Damgarten verfügt über zwei Häfen. Der kleine Sportboothafen Damgarten mit Wasserwanderplatz, Kanu- und Tretboot-Verleih verleitet zur Erkundung des wildromantischen Flusslaufs der Recknitz, während der etwas größere Hafen in Ribnitz mit 60 Gastliegeplätzen aufwarten kann. Urlaub auf dem Wasser ist auch in modernen Schwimmferienhäusern in erster Reihe am Ribnitzer Hafen erlebbar. Ein markanter Blickfang an der Hafenpromenade von Ribnitz ist das von Jo Jastram erschaffene Kunstwerk »Der Zirkus kommt«. Ob er damit damit auch Hafenfeste, wie das Drachenbootrennen, Boddenschwimmen oder Open-Air-Musikabende meinte, ist nicht überliefert.

links »Der Zirkus kommt« – ein markantes Kunstwerk am Hafen von Ribnitz

rechts Am Marktplatz treffen sich Tradition und Moderne: das Restaurant Paganini vor der St.-Marien-Kirche

Location für feierliche Momente

Direkt an der Mündung der Recknitz in den Saaler Bodden befindet sich die denkmalgeschützte Gutsparkanlage Schloss Pütnitz. Einst eine wendische Wasserburg, übernahm das Rittergeschlecht derer von Dechow 1249 das Gut. Nach wechselvoller Geschichte betreibt die Familie von der Lühe das geschichtsträchtige Haus heute mit Räumlichkeiten für feierliche

Ferienwohnungen in herrschaftlichem Ambiente bietet das Schloss Pütnitz

Anlässe und gemütlichen Ferienwohnungen. Dem Ambiente entsprechend sind die Räume stilvoll mit antiken Möbeln dekoriert. Der nahe Boddenwanderweg bietet beste Voraussetzungen zum Wandern und Radfahren. Ein hauseigener Steg und Kanuverleih ist Ausgangspunkt für ausgiebige Kanutouren auf der in einer Länge von 55 Kilometern befahrbaren Recknitz in die erholsame Naturlandschaft der Recknitzauen. Auch für Angler sind die Bedingungen Barsch, Hecht, Zander & Co. am Haken zu haben optimal. Die Wahl zwischen den Gewässern Recknitz, Saaler Bodden und der nahen Ostsee lässt keine Wünsche offen. Na dann: Petri Heil! Ein Sommerhighlight ist das auf dem ehemaligen Flughafen Pütnitz im August stattfindende Pangea Festival. Ein vielseitiger Event mit Top-Musikdarbietungen, Kreativmarkt, Workshops, Kultur-, Spiel- und Funsport-Angeboten.

Reiterhof und Ferienpark Hirschburg

Am westlichen Rande von Ribnitz-Damgarten, im Ortsteil Hirschburg, sorgt der Reiterhof und Ferienpark »Bernsteinreiter« für erlebnisreiche Ferien. Über 100 Pferde und Ponys wollen geritten und gepflegt werden. »Ein Tag im Pferdestall« ist das Angebot für Kinder ab sechs Jahren, zudem sind die Spielscheune und der Streichelzoo spannende Erlebniswelten. Es werden Gastpferdeboxen, Reitunterricht, Reitbeteiligungen und auch Kutsch- und Kremserfahrten angeboten. Die Perspektive vom Pferderücken auf die einzigartige Natur bleibt ein nachhaltiges Erlebnis.

Ein Besuch im Freilichtmuseum Klockenhagen

Im Ortsteil Klockenhagen schlug 1970 die Geburtsstunde des Freiluftmuseums. Um ein wunderschönes bestehendes Gehöft wurden weitere bewahrenswerte Häuser aus ganz Mecklenburg-Vorpommern als Beispiele norddeutscher Baukunst zu diesem Denkmalhof zusammengetragen. Zur Zeit bilden 20 historische Bauten eine dorfähnliche Situation. In deren Mitte steht das wohl repräsentativste Bauernhaus Strassen, welches als Restaurant ein ganz märchenhafter Anlaufpunkt ist. Die weiteren Häuser werden durch vielerlei Mitmachaktionen zum Leben erweckt. So kann im Backhaus Hanstorf das Ba-

Wie die Menschen vor 100 Jahren lebten und arbeiteten, erfährt man in Klockenhagen

oben Shopping wie in früheren Zeiten: der Konsum im Freilichtmuseum

unten Knusprig, frisch und lecker: Brotlaibe in der Museums-Bäckerei

cken im Holzofen erlernt werden, in der Schauwerkstatt Haus Selmstorf das Korbflechten, Schmiede und Stellmacherei laden ein zum Mitmachen. Lustig geht es zu beim Besuch in der Frisörstube aus den 30er Jahren und Kutschfahrten und Ponyreiten über das Museumsgelände sind ebenso beliebt wie die Kräuterführung durch den Bauerngarten.

Kranichmuseum & Hotel – ein Aufenthalt nach Gutsherrenart

Nordöstlich von Ribnitz-Damgarten in der Nähe des Örtchens Saal ist das Gutsdorf Hessenburg eine kleine Welt für sich. Das charmante Ensemble von Museum, Hotel und Café vermittelt ein ganz besonderes Flair. Inmitten von Feldern, die im Frühjahr und Herbst den Kranichen als Rast- und Futterplätze dienen und dem historischen Gutspark, gerät alles andere in Vergessenheit. Der Ort ist konzipiert als ein Ort der Entschleunigung. Eine Sammlung zeitgenössischer Kunst internationaler Künstler, die speziell auf diesen Ort fokussiert ist, umgibt den Gast und die Zimmer mit ihren rustikalen Backsteinwänden, gusseisernen Öfen und antiken Badewannen tragen dazu bei den Aufenthalt auf Gutsherrenart zu erleben. Das Café, in der ehemaligen Hofschmiede, lädt zu einem Imbiss am Schmiedefeuer oder auf den umliegenden Terrassen unter alten Obstbäumen ein.

Zum kleinen Badestrand am Saaler Bodden ist es nur zwei Kilometer. Im September zur Treckeltied, einer Reise durch die offenen Gärten in Nordvorpommern, trifft man sich zum Kartoffelfeuer und Kränzeflechten vor der Schmiede. Schöner kann das Leben nicht sein!

Tipps Ribnitz-Damgarten

ANREISE:

Mit dem Auto: von Rostock oder Stralsund auf der B 105

Mit der Bahn: Intercity von Hamburg, Rostock und Stralsund

ÜBERNACHTEN:

Kranichmuseum & Hotel, Gutshof Hessenburg, Dorfplatz 2–5, Hessenburg / Saal

Schloss Pütnitz, Pütnitzer Straße 16, Ribnitz-Damgarten

Schwimmhaus »Floating 30«, Stadthafen Ribnitz, Ribnitz-Damgarten

GASTRONOMIE:

Restaurant Paganini, Am Markt 14, Ribnitz-Damgarten

KULTUR:

Deutsches Bernsteinmuseum, Im Kloster 1–2, Ribnitz-Damgarten

Galerie im Kloster, Im Kloster 9, Ribnitz-Damgarten

FREIZEITAKTIVITÄTEN:

Freilichtmuseum Klockenhagen, Mecklenburger Straße 57, Ribnitz-Damgarten

Natur-Schatzkammer Edelstein- & Bernsteinzentrum, Ribnitzer Landweg 2, Neuheide

Pangea Festival im August, Flugplatzallee, Pütnitz

Kanu-, Kajak- und Tretbootverleih, Hafen Damgarten, Ribnitz-Damgarten

Bernsteinreiter Hirschburg, Neuklockenhäger Weg 1a, Ribnitz-Damgarten OT Hirschburg

SHOPPING:

Bernstein Schaumanufaktur, An der Mühle 30, Ribnitz-Damgarten

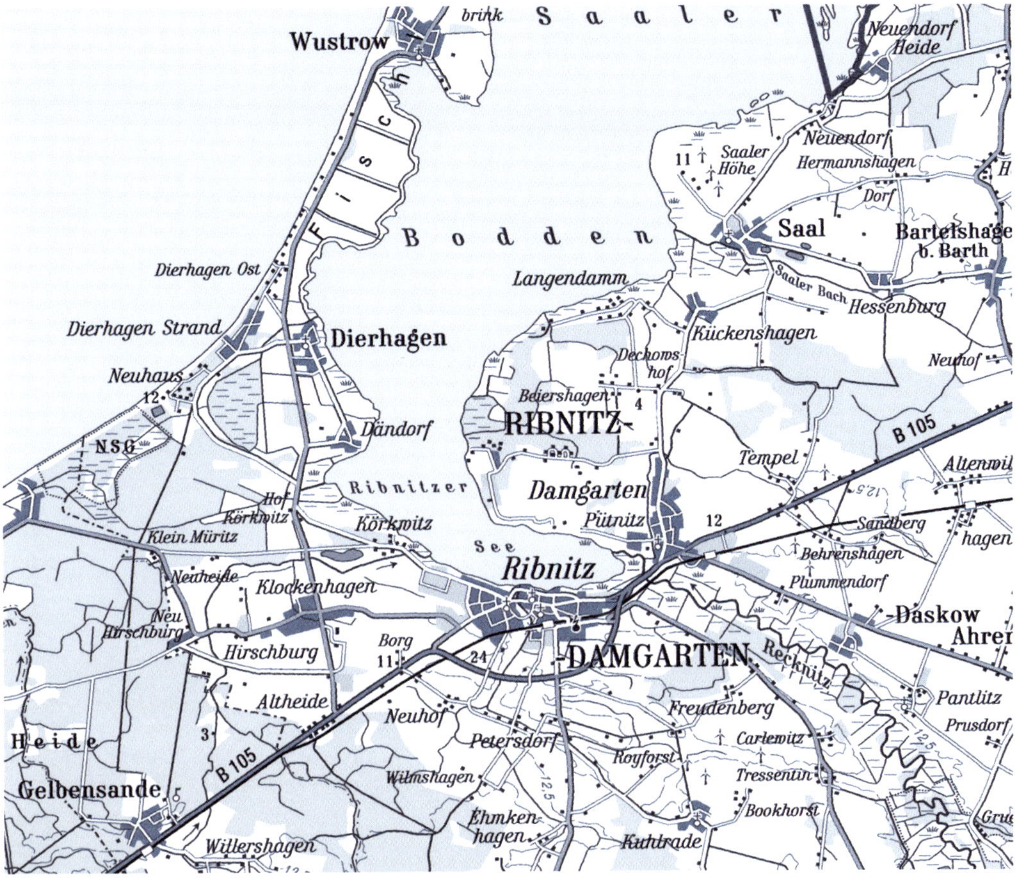

Bernstein Galerie E,
Neue Klosterstraße 8,
Ribnitz-Damgarten

Bernsteindrechslerei,
Lange Straße 48,
Ribnitz-Damgarten

WEITERE INFOS:

www.ribnitz-damgarten.de

Wilde Wälder und idyllische Dörfer

Zeesboote mit braunen Segeln starten von den kleinen Häfen am Bodden zu ihren Törns, reetgedeckte Katen mit Fledermausgauben, bunte Haustüren mit geschnitzten Ornamenten, ausgefallene Giebelspitzen auf dem Hausfirst und die ganz spezielle grau-blaue Fischlandkeramik sind nur einige der unverwechselbaren Kennzeichen der ehemaligen Inseln Fischland, Darß und Zingst.

Zwischen Dorfidylle und Wellnessoase

Dierhagen markiert den westlichen Zugang zur Halbinsel Fischland-Darß-Zingst, einer ehemaligen durch Flutrinnen getrennten Inselkette, die im Laufe der Zeit versandeten und nun eine etwa 45 Kilometer lange bemerkenswerte Halbinsel zwischen dem Saaler Bodden und der Ostsee bilden. Fischland ist der südliche Teil mit den Orten Dierhagen, Wustrow und Ahrenshoop, das durch seine Ende des 19. Jahrhunderts gegründete Künstlerkolonie bald überregionale Bedeutung erlangte. Alle drei Ortschaften haben durch ihre besondere Lage zwischen Ostsee und Bodden ein breites Spektrum an Erlebniswelten.

Ein Akkordeonspieler sitzt auf dem Dorfplatz auf der Rundbank unter der Birke. Mit seinem Repertoire aus Seemannsliedern verleiht er dem kleinen Hafen am Bodden in Dierhagen-Dorf Authentizität. Der Kutter mit dem Fischbrötchenangebot ist umlagert. Ergänzt wird das kulinarische Angebot im Restaurant »Boddenblick« mit Fischspezialitäten und regionaler Küche. Rund um den Platz sind kleine bunte Marktbuden installiert. Hier findet von Mai bis Oktober zweimal wöchentlich der Dierhäger Hafenmarkt statt. Regionale Händler bieten ihre Köstlichkeiten an, Kunsthandwerker machen den Markt mit ihren Produkten zudem zu einem attraktiven Ausflugsziel mit Blick auf den kleinen Seglerhafen. Die hier ansässige Segelschule »Boddenskipper« vermittelt das Segelhandwerk von der Pike auf und so mancher erliegt bei einem Törn auf dem Zeesboot der Faszination geräuschlos auf dem Wasser dahinzugleiten. Diese Idylle mit dem kleinen Hafen suchte sich auch das Filmteam der TV-Serie »Ella Schön« für die Aufnahmen der Reihe rund um eine Frau mit Asperger-Syndrom, fantastisch gespielt von Annette Frier, aus.

Im Gegensatz zur Beschaulichkeit dieses Fleckens geht es im an der Ostsee gelegenen Ortsteil Dierhagen-Strand etwas lebhaf-

Beschauliche Hafenatmosphäre am Bodden

ter zu. Sieben Kilometer feiner Sandstrand, eine Freilichtbühne mit abwechslungsreichem Kulturprogramm im Küstenschutzwäldchen und ein Zeltkino bieten in der Saison jede Menge Abwechslung für die Feriengäste, ebenso die reiche Auswahl an Restaurants. Auch Wellness-Liebhaber sind hier bestens aufgehoben. Das Studio SandLand hat neben klassischen auch Lomi- und Hot Stone-Massagen, Klangschalen-Therapie sowie Pilates oder auch Yoga am Strand im Angebot. Im noblen Strandhotel Dünenmeer kann das 1.500 Quadratmeter große Spa auf zwei Etagen fast rund um die Uhr genutzt werden. Bioaromasauna, Serailbad, Sprudelliegen, eine Panorama-Liegegalerie sind nur einige Beispiele, die ein ganzheitliches Vitalitätskonzept unterstützen. Die urige Dünensauna mit offenem Kamin hat ihren ganz besonderen Reiz und die reetgedeckten Ferienhäuschen auf dem Hotelgelände machen den Urlaub perfekt.

Die schmalste Stelle der einstigen Inselkette

links Einsteigen zum traditionellen Segeltörn mit dem Zeesboot

rechts An Bord der »Stinne« wird man garantiert nicht seekrank

Auf der Terrasse des Fischrestaurants »Kapitänshaus« hat man den schönsten Blick auf den kleinen Wustrower Hafen am Saaler Bodden. Die braunen Segel der Zeesboote »Butt« und »Bill« tragen ihre Gäste für eineinhalb Stunden über das fischreiche Gewässer und vermitteln einen Hauch von vergangenen Zeiten. Ein besonderes Ereignis im Juli ist die traditionelle Zeesbootregatta. Dann laufen die schon aus dem 15. Jahrhundert bekannten Fischerboote mit ihren braunen Baumwollsegeln im Kampf um eine gute Platzierung zur Höchstform auf und imponieren ganz nebenbei mit ihren gepflegten Planken dem begeisterten Publikum im Hafen. Durch den Schilfgürtel am Ufer fällt der Blick auf das Hotel- und Restaurantschiff »Stinne«, eine originelle Urlaubsunterkunft mit fünf Doppelbettkabinen und

Im »Kapitänshaus« am Wustrower Hafen werden vor allem Fischgerichte serviert

maritimem Restaurant im Schiffsrumpf. Der Küstenschoner, der hier an Land seinen letzten Ankerplatz gefunden hat, wirbt mit einem weiten Blick über den Schilfgürtel des Boddens bis zur Ostsee, himmlischer Ruhe in den Kajüten und maritimen Cocktails am bootsförmigen Tresen.

Auch in Wustrow findet die Beschaulichkeit am Bodden ihren Gegensatz an der belebteren Seeseite. Der feinsandige Strand an der Seebrücke lockt Aktiv- und Strandurlauber zu mancherlei Vergnügungen. Schon Ostern gehört der Strand an der Seebrücke etwa 600 Meter lang Pferden und Reitern zum Strandgalopp. Live-Musik und ein prasselndes Osterfeuer inklusive. In der Sommersaison können einmal wöchentlich zum Beach chill out der »Hakuna Matata Bar« am Strandzugang 3 Cocktails und leckeres vom Grill genossen werden. An drei Wochenenden laden Kunsthandwerker und Keramiker zum Kunsthandwerkermarkt an der Seebrücke ein. Ein unvergesslicher Abend an der Steilküste zwischen Wustrow und Ahrenshoop wird Musikliebhabern im September in der Konzertreihe »Naturklänge« geboten.

Auf dem mit blauen Steinen gekennzeichneten Wustrower Kulturpfad wandelt man auf den Spuren bekannter Persönlichkeiten und erfährt mancherlei über den malerischen Ort mit seinen Schifferhäusern und Bauerngehöften.

Ein inspirierendes Ambiente

Die Schönheit der Natur und ganz spezielle Lichtverhältnisse lockten schon vor über 100 Jahren Künstler in das Örtchen Ahrenshoop im Norden Fischlands. Die Künstlerkolonie mit ihrem pittoresken Ambiente von kleinen rohrgedeckten Katen mit bemalten Haustüren und gepflegten Bauerngärten, animierte bald eine betuchte Klientel hier ihre Ferienhäuser zu errichten. Galeristen folgten und verknüpften die Interessen der Künstler mit denen der wohlhabenden Sommergäste und Ahrenshoop erlangte somit überregionale Bekanntheit als Ort der schönen Künste. Der bereits 1909 eröffnete Kunstkaten am Strandweg veranstaltet regelmäßig Ausstellungen mit regionalen Künstlern und trägt

Moderne Kunst präsentiert die »Alte Schule«

mit Lesungen und Konzerten maßgeblich zum kulturellen Leben bei. Ein ewiges Maler- und Fotomotiv ist das um 1660 erbaute Dornenhaus, heute Töpferwerkstatt von Friedemann Löber, Meister der traditionellen frei gedrehten, blaugrauen Fischlandkeramik unter anderen mit Motiven wie Libellen, Fischen oder Kranichen in Aufglasurmalerei und spezieller Ritztechnik. Die alte Dorfschule, ein Fachwerkhaus aus dem Jahre 1828, wird seit 2006 als Galerie genutzt. In wechselnden Ausstellungen werden zeitgenössische Kunst, Werke der Künstlerkolonie und Arbeiten der Klassischen Moderne präsentiert. Das moderne Kunstmuseum, dessen Gebäude geschickt in das Umfeld integriert wurde, profiliert sich ebenfalls als Repräsentant der Künstlerkolonie und ist seit der Eröffnung 2013 ein Publikumsmagnet. Das Künstlerhaus Lukas, seit über 120 Jahren ein Ort der Begegnung, bietet bildenden Künstlern Raum für Arbeitsaufenthalte und hält die Szene jung. Wer sich keins der in den vielen Galerien angebotenen Kunstwerke leisten kann, findet kleinere Souvenirs wie Kunsthandwerk, Regionalliteratur oder Schmuck in der »Bunten Stube«, seit über 90 Jahren kultureller Treffpunkt für Einheimische und Besucher.

Auf dem Darß herrschen die Naturgewalten

Zwischen Fischland und Zingst am westlichen Zipfel des Nationalparks Vorpommersche Boddenlandschaft erstreckt sich der Darß. Sein uriges naturbelassenes Waldgebiet mit bizarren vom Westwind gebeutelten Windflüchtern an der Küste und geheimnisvollen Mooren genießt als erklärte Kernzone des Nationalparks besonderen Schutz. Der wildromantische Weststrand gilt als

Urwüchsige Wälder bestimmen die Darßlandschaft

einer der schönsten Strände Europas. Zur Brunftzeit erfüllt das intensive Röhren kapitaler Hirsche die Stille des Waldes. Der Darß ist eines der wenigen Gebiete in denen man das faszinierende Naturschauspiel der Rotwildpaarung in freier Wildbahn erleben kann. Die Artenvielfalt der hier lebenden Vögel ist ebenfalls bemerkenswert. Rund um den urwüchsigen etwa 4.700 Hektar großen Darßwald, der ehemals der DDR-Elite zum Jagen vorbehalten war, reihen sich die Dörfer Born, Wieck, Prerow und Darßer Ort auf.

Ein Maximum an Entschleunigung

Das Örtchen Born am Übergang von Saaler und Bodstedter Bodden, südöstlich des Darßwaldes gelegen, ist mit den darßtypischen reetgedeckten Katen und den vielen farbenfrohen, verzierten Haustüren die Postkartenidylle eines Inselortes schlechthin. Dazu passt die Dorflinde, die seit dem 17. Jahrhundert Mittelpunkt des Dorfes ist und die 1935 eingeweihte Fischerkirche, ein Holzbau mit Rohrdach, auch als kultureller Treffpunkt für Konzerte, literarische Veranstaltungen und Ausstellungen genutzt. Das Gut Darß, ein Erlebnishof für Kinder und ein beachtlicher ökologischer Landwirtschaftsbetrieb, dessen Kernkompetenz im Bereich der Produktion und

Dörfliche Idylle mit reetgedeckten Häusern in Born

Die Seele kann man nach anstrengender Tour am kleinen Hafen baumeln lassen

Vermarktung von Bio-Rindfleisch liegt, profiliert sich auch in den Bereichen der Zucht von Schafen, Burenziegen, Wasserbüffeln und Pferden. Im Hofladen sind Wild- und andere Bio-Produkte erhältlich. Als kulinarische Höhepunkte gelten die Wildschwein-Essen der rustikalen Gutsküche. Born ist zu jeder Jahreszeit ein idealer Ausgangspunkt zur Erkundung des Darßwaldes. Die vorgegebenen Wege sollten nicht verlassen werden, aber auch so lassen sich in aller Stille mannigfaltige Stimmungsbilder von Rot- und Schwarzwild, von Schlangen und Insekten, von Pilzen, Farnen, Wiesen und Mooren und dem sich selbst überlassenen Wald einfangen. Mitten im Wald befindet sich auch die Grabstätte von Ferdinand von Raesfeld, dem Altmeister der deutschen Jäger, dem auch das Forst- und Jagdmuseum gewidmet ist.

Ein entspanntes Dörfchen am Bodtstedter Bodden

Bei einem Spaziergang durch das kleine Darß-Dorf Wieck bleibt der Blick immer wieder an den zauberhaften reetgedeckten Fischerhäusern mit den Krüppelwalmdächern hängen. Sehenswert ist auch eine Doppelbüdnerei aus dem Jahre 1784. Dreh- und Angelpunkt aber ist das Nationalparkzentrum »Darßer Arche«, das interessierte Besucher nicht nur über den Nationalpark informiert, sondern auch zahlreiche erlebnisreiche geführte Touren anbietet, beispielsweise zur Beobachtung eines ganz speziellen Naturereignisses im Herbst, wenn über 60.000 Kraniche auf ihrem Weg gen Süden in der Boddenlandschaft Rast machen. Die »Darßer Arche« ist auch Veranstaltungsort des jährlich im Herbst stattfindenden «Darßer Naturfilmfestivals«. Die Stars der konkurrierenden Filme heißen Flora und Fauna. Auf dem Platz vor der »Darßer Arche« trifft man sich mittwochs

Kunstfreunde können in der »Galerie Künstlerdeck« stöbern

Stilvolle Unterkunft und breites Wellnessangebot am Hafen von Wieck: das Hotel Haferland

und samstags zum Markttag. Leckere Produkte aus der Region wechseln nach einer kleinen Kostprobe den Besitzer und es ist immer Zeit für einen kleinen Klönschnack. Gleich nebenan erwartet Gudrun Gottschalk kunstinteressiertes Publikum in ihrer kleinen »Galerie Künstlerdeck«, in der sie eine breite Palette aus den Bereichen Malerei, Grafik, Fotografie, Plastik, Keramik oder auch Schmuck anbietet. Ein Shopping-Tipp ganz anderer Art ist die nahe »Darßer Manufaktur«. Hier dreht sich alles um das Allheilmittel Sanddorn. Von Gelees und Marmeladen über Spirituosen bis zur Kosmetik ist alles im Programm.

Den kleinen unspektakulären Hafen erreicht man über eine Liegewiese. Hier startet Schipper Hinrich mit seinem 1903 erbauten Zeesboot »Marie-Luise« zu den traumhaftesten Ecken des Darß. Auch die Kranichtouren im Herbst beginnen am Hafen. In prominenter Lage am Seglerhafen liegt das reetgedeckte Hotel »Haferland« mit einer naturnah gestalteten Gartenlandschaft, gemütlicher Gesundheitsscheune und Hallenbad mit Blick in die Natur. Ein idealer Ort zum Abschalten und Entspannen.

Erste Badegäste kamen 1854

Prerow, nördlich des Darßwaldes gelegen, vereint viele Attribute eines idealen Urlaubsortes. Der bis zu 80 Meter breite feinsandige Strand der Prerower Bucht mit der 395 Meter ins Meer ragenden Seebrücke und der landeinwärts liegende urige Wald mit seinen zahlreichen Rad- und Wanderwegen bieten Aktivurlaubern hervorragende Bedingungen. Neben den vielen Freizeitangeboten am Strand ist das Drachenfest Anfang September ein ganz besonderes Highlight, wenn Drachen, Kitesurfer und Fallschirmspringer den Himmel in ein buntes Farbenmeer verwandeln. Auch eine Fahrt mit dem nostalgischen Mississippi-Schaufelraddampfer »Baltic Star« ab Prerow-Hafen durch den Prerowstrom in den Bodstedter Bodden hat ihren ganz

Ausgangspunkt für Boddenrundfahrten: der Anleger in Prerow

besonderen Charme. Aber auch Kulturbeflissene kommen zu ihrem Recht. Das Darß-Museum, umgeben von uralten Eichen und Rhododendren, vermittelt nicht nur Eindrücke über Land und Leute, auch die Vielfalt der Darßer Baukultur und der fantasievoll gestalteten Haustüren ist in einem

Die schlichte Seemannskirche in Prerow bietet im Innenraum wahre Schätze

eigenen Bereich dargestellt. Zudem finden jede Menge Sonderveranstaltungen statt. Vorsicht, freitags wird nur Platt gesnackt! Die Schönheit der facettenreichen Haustüren kann sogleich in der benachbarten »Teeschale«, einem mit viel Liebe zum Detail rekonstruierten Haus aus dem Jahre 1850, bewundert werden. Zwischen 130 Teesorten fällt die Wahl schwer, aber Stube und Terrasse sind so gemütlich, dass man gern geneigt ist mehrere Sorten, serviert in regionaler Keramik, zu verkosten.

Danach lockt das Darßer Bernsteinmuseum und die Heimatgalerie Prerow in einem alten Schifferhaus zu einer Familiensammlung des Goldes der Ostsee. Der nahegelegene «Kulturkaten Kiek In« ist kompetent für Kleinkunst und Veranstaltungsort für Kurse und Kinderprogramme.

Wahre Schätze birgt die kleine Seemannskirche. Der Kanzelaltar und die Taufkapelle aus der Mitte des 18. Jahrhunderts sind wohl die kostbarsten Schmuckstücke der Kirche, die ansonsten in schlichten blau-weißen Farbtönen gehalten ist. Gemälde und Modellschiffe erinnern an die Seefahrertradition ebenso wie die alten Grabsteine auf dem Friedhof.

Etwa fünf Kilometer westlich von Prerow an der Nordspitze des Darß ragt seit 1848 stolz der Leuchtturm Darßer Ort mit imposanten 35 Metern Höhe in den Himmel. Es handelt sich hier um das älteste in Betrieb befindliche Leuchtfeuer Deutschlands. Nach 126 Treppenstufen erschließt sich ein beeindruckender Blick über die Ostsee, bei schönem Wetter bis nach Warnemünde und zur dänischen Insel Møn. Angegliedert ist dem Turm das »Natureum«, eine Außenstelle des Deutschen Meeresmuseums Stralsund. Darß Ort ist nur per Pedes, Fahrrad oder mit dem Pferdewagen erreichbar.

Fotomotive frei Haus

Weder Paris noch New York oder eine Safari in Afrika, nein – zum Fotoshooting nach Zingst ist die Devise für immer mehr fotoaffine Menschen. Das Örtchen hat sich mit dem Umweltfotofestival »horizonte zingst« zu einem der Hot Spots für Enthusiasten der Fotografie gemausert. Von international renommierten über aufstrebende Fotografen bis zu ambitionierten Amateuren trifft sich hier alles zur Jagd nach dem ultimativen Klick. Die Fotoschule Zingst veranstaltet Workshops, Seminare und Exkursionen, verleiht Kameras und verwandelt Zingst mit über 20 Ausstellungen in Galerien oder Open-Air- und Multi-

©Oliver Nieschulz
Treffen der Fotoenthusiasten: das Umweltfotofestival »horizonte zingst«

visionsshows zu einem einzigartigen, ganzjährigen Event. Das Max Hünten Haus, ein Ort der Begegnung, ist das Zentrum dieser Erlebniswelt. Die Outdoor-Installation Olympus Foto-KunstPfad durch die Zingster Natur bietet so manche Anregung eine intakte Landschaft im Fokus zu behalten.

Aber auch dem normalen Urlauber bieten sich unvergessliche Eindrücke: sich im Wind wiegender Strandhafer auf den Dünen, rastende Vögel auf den Buhnen, endlose Radwege entlang des Küstenwaldes oder reetgedeckte Bootshäuser, malerisch geduckt in den Schilfgürtel des Boddens. Lebendige Vielfalt ist im Museumshof Zingst zu finden: Schifffahrtsgeschichte und Schiffsmodelle im Museum, Köstlichkeiten in der Museumsbäckerei, Basteln in der gemütlichen Pommernstube oder Beobachtungen in der Bernsteinwerkstatt. Ganz im Hier und Jetzt und wieder in einer grandiosen Landschaftskulisse, ist ein Ausflug mit dem Mississippi-Schaufelraddampfer »River Star« ab Zingster Hafen. Die Reise geht vorbei an den Vogelschutzinseln Kirr und Oie, wo Kiebitz, Austernfischer, Säbelschnäbler oder auch der Alpenstrandläufer beheimatet sind, und den Sundischen Wiesen, einem renaturierten Heide- und Feuchtwiesengebiet. Retour geht es dann durch den Barther Bodden. Der Dampfer schippert auch an der Meiningenbrücke, einem technischen Denkmal, vorbei. Nahe dieser Drehbrücke, lohnt sich ein Landausflug nach Bresewitz. »Kunst auf Schienen« heißt es in den Waggons im alten Bahnhof. Wechselnde Ausstellungen und Konzerte sowie Fahrten mit der Kleinlok im Sommer sorgen für Abwechslung in einem ganz besonderen Ambiente.

Wer einen zwanglosen Urlaub mit Wellness verbinden will, ist im »Wellness-Camp Düne 6« gut aufgehoben. Die Wahl besteht zwischen Camping, Mobilheim, Mietwohnwagen oder einem Appartement. Das Camp verfügt über einen Wellnessbereich mit Schwimmhalle, Sauna, Solarium, Fitnessraum und Saftbar.

Tipps Fischland-Darß-Zingst

ANREISE:
Mit dem Auto: von Rostock oder Stralsund auf der B105, dann weiter die L21

Mit der Bahn: Intercity bis Ribnitz-Damgarten, dann weiter mit dem Bus 210

ÜBERNACHTEN:
Strandhotel Dünenmeer, Birkenallee 20, Dierhagen-Strand

Hotelschiff »Stinne«, Am Kuhleger, Wustrow

Hotel Haferland, Bauernreihe 5a, Wieck

Wellness-Camp Düne 6, Inselweg, Zingst

GASTRONOMIE:
Restaurant Boddenblick, Hafenstraße 13, Dierhagen-Dorf

Fischrestaurant Kapitänshaus, Hafenstraße 8, Wustrow

Teeschale, Waldstraße 50, Prerow

KULTUR:
Kunstmuseum Ahrenshoop, Weg zum Hohen Ufer 36, Ahrenshoop

Kunstkaten Ahrenshoop, Strandweg 1, Ahrenshoop

Künstlerhaus Lukas, Dorfstraße 35, Ahrenshoop

Darß-Museum, Waldstraße 48, Prerow

Bernsteinmuseum, Waldstraße 54, Prerow

Kulturkaten Kiek In, Waldstraße 42, Prerow

Seemannskirche, Kirchenort 2, Prerow

Museumshof Zingst, Strandstraße 1–3, Zingst

Fischerkirche, Kirchweg 2, Born

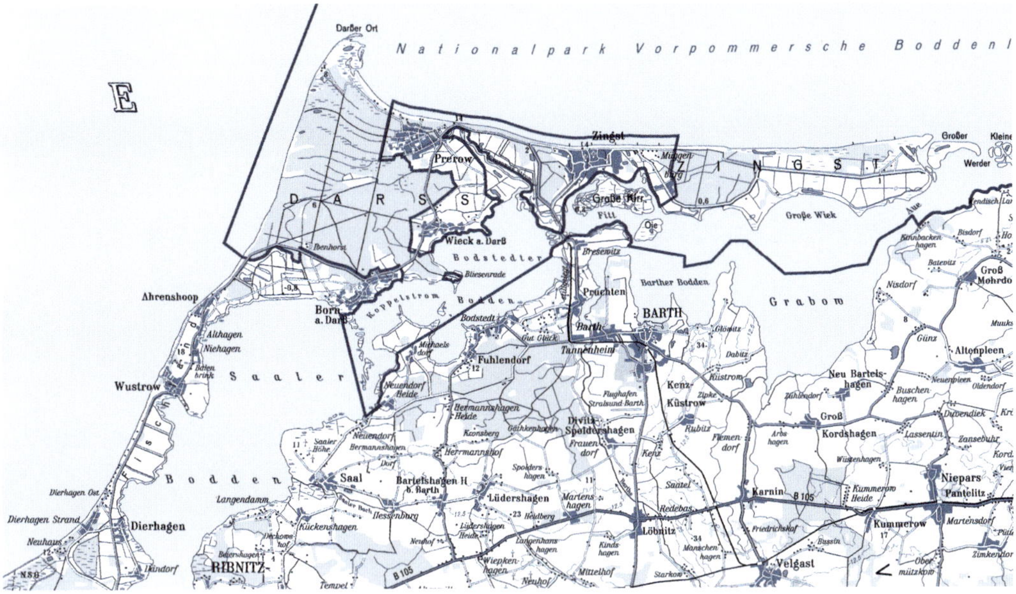

FREIZEITAKTIVITÄTEN:

Segelschule Boddenskipper, Dorfstraße 27, Dierhagen-Dorf

Zeesboot-Segeln ab Hafen Wustrow, Kapitän Peter Eymael

Segeln auf dem Bodden ab Hafen Wieck, Schipper Hinrich

Darßer Arche, Bliesenrader Weg 2, Wieck

Leuchtturm und Natureum Darßer Ort, Darßer Ort 1-3, Born

Schaufelraddampfer »River Star«, ab Hafen Zingst

Fotoworkshops Max Hünter Haus, Schulstr. 3, Zingst

WELLNESS:

Studio SandLand, Dünenweg 34, Ostseebad Dierhagen-Strand

Dünenmeer-Spa, Birkenallee 20, Ostseebad Dierhagen-Strand

WEITERE INFOS:

www.fischland-darss-zingst.de

Markt

Eine Perle in der Kette der Hansestädte

Mit seiner Vielzahl von historischen Bauwerken bildet der Marktplatz das Zentrum von Stralsund und ist mit Restaurants und Cafés zudem ein angenehmer Ort zum Verweilen. Die Wasserspiele bereiten vor allem den kleinen Besuchern ein himmlisches Vergnügen. Ausgehend vom Marktplatz kann man die Hansestadt erkunden: hinunter zum Hafen und Ozeaneum oder in die Gassen der Altstadt, um noch mehr Tradition der Hanse zu entdecken.

Ein Bummel durch die Altstadt

Stralsund imponiert nicht nur mit seiner Fülle historischer Bausubstanz, die zu Recht zum UNESCO-Weltkulturerbe gekürt wurde, in der Stadt am Strelasund steht auch die Wiege deutscher Kaufhauskonzerne und mit dem Bismarckhering und den vielfach prämierten Bieren aus der Störtebeker Braumanufaktur ist Stralsund auch kulinarisch ganz weit vorn.

Schiffbau und Hafenwirtschaft dominierten lange die Wirtschaft der größten Stadt in Vorpommern.

Im 13. Jahrhundert nahm die Entwicklung Stralsunds rasant Fahrt auf. Als Gründungsmitglied der Hanse brachte es die Stadt durch internationalen Handel zu großem Reichtum, was bei einem Bummel durch die vom Strelasund und zahlreichen Teichen umgebene Altstadt nicht zu übersehen ist. Am intensivsten betrachtet man die Pracht der individuellen Giebelarchitektur und Backsteingotik gemütlich in einem Café am Alten Markt sitzend, mit Panoramablick über den Marktplatz. Natürlich ist der erste Blickfang der imposante Schaugiebel des historischen Rathauses hinter dem sich die trutzigen Türme der Nikolaikirche, der ältesten der drei Pfarrkirchen Stralsunds, erheben. Besondere Schätze der Kirche sind die Gestühle der Zünfte, der gotische Hochaltar sowie die astronomische Uhr aus dem Jahre 1394, weltweit die älteste Uhr dieser Art. In Konkurrenz zum Rathaus erscheint das gegenüberliegende Wulflamhaus, Ende des 14. Jahrhunderts das Wohnhaus der Bürgermeisterfamilie mit zweifelhaftem Ruf, fast ebenso prächtig. Es offenbart die Gier nach Macht und Reichtum. Heute ist es ein vielfrequentiertes Restaurant, welches mit Wandmalereien aus dem 15. Jahrhundert aufwarten kann. Von dort fällt der Blick auf das Wasserspiel, eine sporadisch erscheinende Fontäne, die ständig von juchzenden Kindern umlagert ist und zur Unterhaltung aller Marktplatzbesucher beiträgt.

Eines der bedeutendsten Bauwerke am Markt: das Rathaus von Stralsund

Ein Spaziergang durch die umliegenden Straßen weckt immer wieder Bewunderung für die Vielfalt der historischen Giebelhäuser. In der Mönchstraße 38 ist eines der ältesten Häuser Stralsunds aus dem Jahre 1320, im ursprünglichen Zustand belassen, für Besucher geöffnet. Es bietet interessante Einblicke in die Wohnkultur vergangener Jahrhunderte.

Im Westen der Altstadtinsel, nahe dem Kütertor, einem von zwei erhaltenen mittelalterlichen Stadttoren, wartet die Werkstattgalerie Weber neben Gebrauchskeramik auch mit typischen Stralsunder Andenken, wie schmucken Giebelhäusern oder Backsteinengeln auf. Gleich um die Ecke, in der Heilgeiststraße lockt ein Souvenir ganz anderer Art: Stralsunder Marzipan. Zudem gibt es im gemütlichen Tea Room Cream Tea nach feiner englischer Art. Lebhaft geht es dagegen in der Fußgänger-

links Die Nikolaikirche ist die älteste der großen Kirchen Stralsunds

rechts Speisen in historischem Ambiente: das Wulflamhaus

zone Ossenreyerstraße zu. Der Strom der konsumorientierten Klientel hätte den Familien Wertheim und Tietz (Kaufhof/Hertie), die in dieser Straße Ende des 19. Jahrhunderts ihre Kaufhausimperien gründeten, wohl gefallen. Ein kleiner Abstecher in das Areal des ehemaligen Heilgeistspitals am südöstlichen Rand der Altstadt, lässt den Blutdruck wieder sinken und zeigt, wie beschaulich man in Stralsund leben kann, in klitzekleinen Häuschen mit Stockrosen vor der Tür, total ruhig – fast wie im Märchen.

Der Heimathafen der Gorch Fock

Stolz liegt es da am Kai, das ehemalige Segelschulschiff Gorch Fock, 1933 in Hamburg bei Blohm und Voss vom Stapel gelaufen. In die Jahre gekommen, wartet der Traditionssegler hier in seinem Heimathafen auf Besucher. Das Ringen um Aufmerksamkeit im Hafen ist nicht einfach. Das Ozeaneum ist der absolute Besuchermagnet. Dann ist da das Skurrileum, ein Museum für komische Kunst im alten Koggenspeicher, das es sich zur Aufgabe gemacht hat, jedem Besucher ein Lächeln ins Gesicht zu zaubern. Gediegen geht es zu im Hotelrestaurant »Zum Scheele«. Hanseatische Gastlichkeit wird auf der ehemaligen Diele des mittelalterlichen Kaufmannshauses nahe dem Yachthafen und im historischen Innenhof geboten. Der Chemiker Carl Wilhelm

Früher als Segelschulschiff auf allen Meeren unterwegs: der Großsegler Gorch Fock

Entspannt den Blick schweifen lassen oder lustwandeln kann man auf der Sundpromenade

Scheele wurde 1742 in diesem Haus geboren. Seine wichtigste Errungenschaft war die Entdeckung des Luftsauerstoffs. Gelegentliche Kochkurse im Ambiente des historischen Gewölbekellers sind ein ganz besonderes Ereignis ebenso die Livemusik-Events samstags von Oktober bis Mai in »scheels Kellerkneipe«. Die Bio-Kaffeerösterei »Kontor Scheele« macht das Angebot rund. Neben edlem Kaffee und Marzipan aus eigener Manufaktur sind auch Marmeladen und Kräutersalze im Angebot.

Und natürlich buhlen die verschiedenen Hafenkneipen um Gäste. Aus der Hafengaststätte »Klabautermann« klingen Seemannslieder, die ins maritime Ambiente locken und auch die Kneipe »Zum Goldenen Anker« am Yachthafen punktet mit Liedern von Hans Albers und Marlene Dietrich aus der nostalgischen Musikbox. Der Blick auf Schiffe und Hafentreiben ist überall inklusive so wie das Lauschen auf die Geschichten der hier ankernden Segler an den Nachbartischen. Wer jetzt animiert ist selbst mal in See zu stechen, für den hält die »Stralsund Yachtcharter GmbH« jede Menge Angebote bereit.

Ein Besuchermagnet an der Ostseeküste

Seit 2008 ist das Meeresmuseum »Ozeaneum« ein viel frequentiertes, spannendes Ausflugsziel für Ostseeurlauber. Schon die ungewöhnliche Fassade aus Glas und Metall ist ein Eyecatcher zwischen den altehrwürdigen Gebäuden des Hafenviertels. Nötig wurde dieser moderne Bau, als das Meeresmuseum in der ehemaligen Katharinenkirche zu klein wurde für den großen Zulauf der interessierten Besucher. Ganz ohne nass zu werden, kann die vielfältige Unterwasserwelt der nördlichen Meere, angefangen vom Stralsunder Hafenbecken bis zum offenen

In dem futuristischen Gebäude am Hafen befindet sich das Ozeaneum

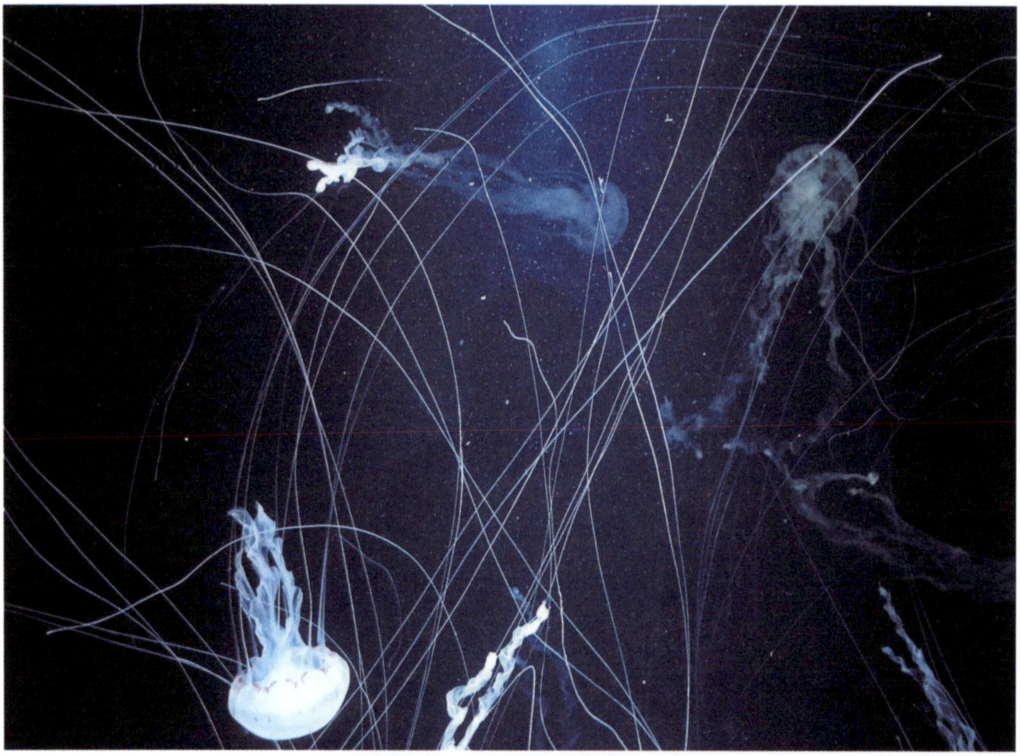

oben Pittoreskes Schauspiel der Quallen

unten Im Ozeaneum kann man die Meeresbewohner ganz nah beobachten

Die Pinguine vergnügen sich im Außenbereich des Ozeaneums

Atlantik, jetzt in 50 weiteren Aquarien beobachtet werden. Im Hafenbecken ist realitätsnah sogar ein rostiges Fahrrad zu entdecken. Die marinen Lebenswelten umfassen Themenbereiche wie Greifswalder Bodden, Seegraswiese, Kreideküste, Schärenmeer, Flussmündung, Kattegat, Wattenmeer mit Simulation der Gezeiten oder Helgoland. Das größte Aquarium ist mit 300 Quadratmetern Grundfläche das Schwarmfischbecken. Der Bereich offener Atlantik erstreckt sich neun Meter hoch über zwei Ebenen, um Makrelenschwärmen, Bonitos, Rochen und Sandtigerhaien Raum zu geben. Hoch oben auf der Dachterrasse geben die possierlichen Humboldt-Pinguine ihr Bestes, um die Besucher zu amüsieren. Schaufütterungen sind begehrte Momente in dieser faszinierenden Welt.

Tipps Stralsund

ANREISE:
Mit dem Auto: die A20 bis Abfahrt Stralsund, dann weiter auf der B96

Mit der Bahn: mit dem Intercity oder Regionalexpress bis Stralsund Hbf

ÜBERNACHTEN:
Romantik Hotel Scheelehof, Fährstraße 23–25, Stralsund

GASTRONOMIE:
Wulflamstuben,
Alter Markt 5, Stralsund

Zum Goldenen Anker,
An der Fährbrücke 8, Stralsund

Klabautermann,
Am Querkanal 2, Stralsund

Hotelrestaurant Zum Scheele,
Fährstraße 23–25, Stralsund

KULTUR:
Meeresmuseum Stralsund,
Ecke Mönchstraße / Bielkenhagen, Stralsund

Skurrileum, Museum für komische Kunst, Koggenspeicher Hafenstraße 7, Stralsund

St.-Nikolai-Kirche, Auf dem St.-Nikolaikirchhof 2, Stralsund

Museumshaus, Mönchstraße 38, Stralsund

FREIZEITAKTIVITÄTEN:
Ozeaneum, Hafenstraße 11, Stralsund

Segelschulschiff Gorch Fock,
An der Fährbrücke, Stralsund

Stralsund Yachtcharter,
Fährkanal, Stralsund

scheels Kellerkneipe, Fährstraße 23–25, Stralsund

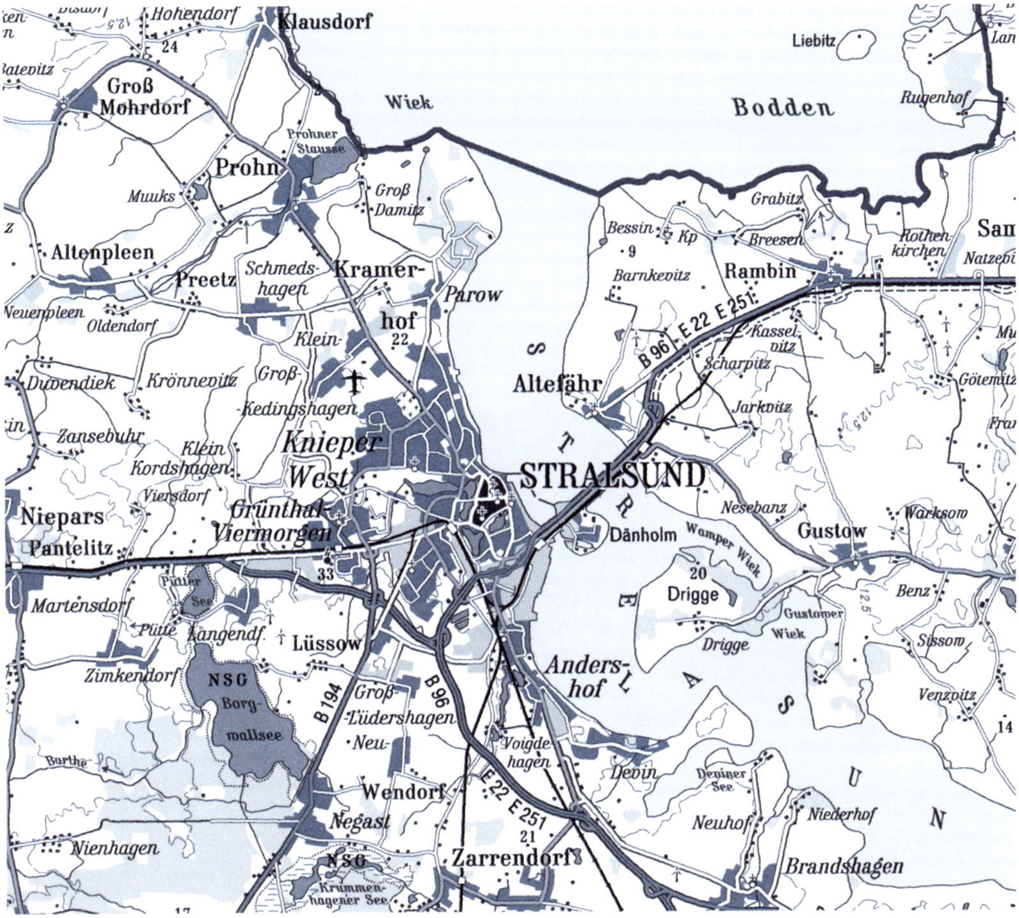

SHOPPING:

Kranichkeramik Werkstattgalerie Weber, Knieperwall 1c, Stralsund

Störtebeker Braumanufaktur, Greifswalder Chaussee 84, Stralsund

Bio-Rösterei Kontor Scheele, Fährstraße 23–25, Stralsund

Tea Boutique & Tea Room, Heilgeiststraße 89, Stralsund

WEITERE INFOS:

www.stralsund.de

Insel der Langsamkeit

Die Fähre gleitet durch die schmale Fahrrinne des Boddens. Im seichten Boddengewässer gründeln Scharen von Schwänen. Badende laufen weit hinaus im flachen Wasser. Hiddensee erwartet den Reisenden mit seiner vielfältigen Landschaft aus Küstendünen, sanfter Hügellandschaft, Salzwiesen, Heidefeldern und feinen Sandstränden.

Aufbruch auf das söte Länneken

Das kleine Fischerdorf Schaprode im Nordwesten Rügens bietet die kürzeste Fährverbindung zur Insel Hiddensee. Die kleinen reetgedeckten Häuschen mit den für die Inseln typischen Stockrosen, die sich an die Häuserwände schmiegen, bergen so manche Überraschung. Nahe dem kleinen Naturhafen ist die erste Logiermöglichkeit das historische Kapitänsferienhaus mit seinen vier Ferienwohnungen. Gleich gegenüber sorgt Schillings Hofladen und Gaststätte für die nötige Verpflegung. Auf der Terrasse kann man gemütlich das Treiben im beschaulichen Hafen beobachten und auf die nächste Fähre warten. Wer gern individueller unterwegs ist, nimmt das Wassertaxi.

Die Insel Hiddensee erstreckt sich über eine Länge von knapp 17 Kilometern westlich von Rügen. An der schmalsten Stelle ist sie lediglich 250 Meter breit. Im Norden ist Hiddensee etwas hügelig, im Süden bestimmen Dünen die Landschaft. Die drei größeren Ortschaften Kloster, Vitte und Neuendorf haben jeweils einen kleinen Hafen und sind somit die Ankunftsorte für Inselbesucher.

Verkürzt die Wartezeit auf die Fähre: der Hofladen am Hafen von Schaprode

Die Aktivierung aller Sinne

Hiddensee bietet Erholung pur. Die Insel ist autofrei und die Geräuschkulisse besteht neben dem Kreischen der Möwen aus dem Klappern der Pferdehufe und dem Surren von Fahrradreifen. Der Duft von Räucherfisch oder Pferdeäpfeln provoziert den Geruchsinn der Ankömmlinge. Fahrräder können vor Ort gemietet werden, Pferdekutscher bieten ihre Dienste zur Beförderung an. Wer gut zu Fuß ist, wandert die etwa 2,4 Kilometer von Vitte nach Kloster, den nördlichsten Ort der Insel, unterhalb des Leuchtfeuers Dornbusch gelegen, welches seit 1888 weit sichtbar als markanter Punkt auf einem etwa 72 Meter hohen Hügel inmitten von Besenginster, Sanddorn und Holunderbüschen thront. Auf der in 20 Meter Höhe gelegenen Aussichtsgalerie des Leuchtturms erschließt sich dem Besucher ein weiter Panoramablick über die Boddenlandschaft und die Ostsee bis zur dänischen Insel Møn.

Mit der Pferdekutsche kann man Hiddensee ganz entspannt erkunden

Eine einzigartige Künstlerkolonie

Auf dem Weg dorthin erstreckt sich eine weite Küstenheidelandschaft mit Pferdekoppeln und Schafweiden. Linker Hand fällt der Blick am Rande von Vitte auf das »Karusel« , einen runden blau-weißen Bau des Bauhausarchitekten Max Taut. Die Stummfilm-Diva Asta Nielsen verbrachte die Sommer von 1929 bis 1935 hier mit ihrer Familie und versammelte in ihrem Haus viele illustre Gäste aus der Künstler-Szene, die diese einzigartige Insel lieben lernten, unter ihnen Joachim Ringelnatz und Heinrich George. Auch Gottfried Benn, Hans Fallada, Carl Zuckmayer oder auch der Maler Erich Heckel ließen sich hier inspirieren.

Im »Karusel« residierte einst die Stummfilm-Diva Asta Nielsen

Ein bedeutender Dramatiker

Der Literaturnobelpreisträger Gerhart Hauptmann lebte und arbeitete in seinem Sommerhaus in Kloster von 1926 bis 1943. Das Haus, auf einer kleinen Anhöhe in einem parkähnlichen Garten gelegen, kann besichtigt werden. Die Räume sind mit ihrem Originalinterieur wunderschön gestaltet und atmen großbürgerliche Lebensart. Sogar der legendäre Weinkeller des Dichters ist zugänglich. Bemerkenswert sind die handschriftlichen Notizen an der Wand seines Schlafzimmers, Relikte

Heute Museum und Bibliothek: die Sommerresidenz von Gerhart Hauptmann

schlafloser Nächte. Angegliedert ist ein moderner Literaturpavillon mit Buchhandlung und Getränkeausschank. Im Arbeitszimmer Hauptmanns finden regelmäßig Lesungen statt. Gerhart Hauptmann, 1946 in Schlesien verstorben, wurde auf seinen ausdrücklichen Wunsch auf dem Inselfriedhof in Kloster beigesetzt.

Die Inselkirche in Kloster besticht durch ihren schlichten Stil

Ein Ort der Besinnung

Auch das Grab der Tanz-Ikone Gret Palucca, die über 30 Jahre in Vitte ansässig war, auf der Insel Kraft und Inspirationen tankte, ist auf dem Friedhof in Kloster zu finden.

Der kleine Friedhof hinter der Inselkirche ist hügelig und sandig. Seine engen Wege sind vom Regenwasser ausgespült. Vor der Kirche, dem ältesten Gebäude auf der Insel, befindet sich ein historisches Gräberfeld und ebenso schlicht wie die Grabsteine wirkt das Innere des hellen Gotteshauses. Sehenswerte Details sind das mit Rosen bemalte Tonnengewölbe, der unter der Decke schwebende barocke Taufengel und das hölzerne Taufbecken, welches heute noch in Benutzung ist. Die Täuflinge werden traditionell mit Ostseewasser getauft.

Der kulturelle Mittelpunkt der kleinen Inselwelt

Das Örtchen Kloster ist durchzogen von Schotterwegen. Am zentralen Platz vor der Kirche befindet sich der Pferdedroschkenplatz, der neben zahlreichen Fahrradvermietungen für die Mobilität auf der Insel sorgt. Die Inselbewohner sind vorwiegend auf Fahrrädern mit Anhängern unterwegs, um die Dinge des täglichen Bedarfs zu transportieren. Auch die Handwerker bedienen sich dieser Gefährte, um Rohre, Steine und Geräte auf diese Weise zu befördern. Inselbesucher mieten sich eher E-Bikes oder Tandems. Der Kirchweg ist die

Kleine Souvenirs vor einem Laden in Kloster

Bummelmeile, an der sich Gastronomie, Souvenirshops und Galerien in idyllischen reetgedeckten Häuschen präsentieren. Er führt in Richtung Ostseestrand am Gerhart-Hauptmann-Haus vorbei zum kleinen Heimatmuseum. Das Museum befindet sich in einer ehemaligen Seenotrettungsstation eines 1888 erbauten Hauses. Seit 1954 wird es als Museum genutzt und präsentiert in seiner Dauerausstellung als wertvollstes Exponat die Replik des Hiddenseer Goldschatzes, der die gediegene Goldschmiedekunst der Wikinger repräsentiert. Sonderausstellungen machen das kleine Museum immer wieder erlebenswert.

Vitte vereint Natur und Kultur

Mit Rathaus, Arztpraxis und Frisör ist Vitte der zentrale Anlaufpunkt der Insel. An der nördlichen Ausfallstraße ist das Nationalparkhaus Hiddensee angesiedelt. Es informiert über den Nationalpark Vorpommersche Boddenlandschaft, der sich zwischen Fischland und Hiddensee erstreckt. Im Frühjahr und Herbst ist das Gebiet Rastplatz von etwa 60.000 Kranichen, ein einzigartiges Spektakel. Auf naturkundlichen Wanderungen und in abendlichen Vorträgen wird der Urlauber in die Naturphänomene dieser Region eingeweiht.

Aber auch kulturell hat Vitte einiges zu bieten. Berühmt ist die »Blaue Scheune«, einst Galerie des Hiddenseer Künstlerinnenbundes, seit 1955 Atelier- und Wohnhaus des Malers

Große Kunst in kleinem Rahmen präsentiert die »Seebühne«

Die »Blaue Scheune« war früher die Galerie des Hiddenseer Künstlerinnenbundes

Günther Fink. Nach seinem Tod im Jahre 2000 ist das romantische Reetdachhaus, welches total eingewachsen ist von blühenden Sträuchern und Ranken, gelegentlich wieder als Galerie geöffnet.

Ein magisches Erlebnis ist der Besuch in Homunkulus Figurensammlung. In einem schlichten Bau aus Lärchenholz haben hunderte Puppen und Requisiten eine Heimat gefunden. Ob Märchenfiguren, Persönlichkeiten der Weltliteratur, Stars aus dem Showbiz, oder böhmische Marionetten – sie alle werden hier liebevoll gehegt und so manche von ihnen erwacht im nahen Maritimen Kammertheater »Seebühne« zur Freude des Publikums zum Leben. Direkt am Hafen steht das Zeltkino zur weiteren Unterhaltung der Feriengäste bereit.

Das stille Dorf

Das alte unter Denkmalschutz stehende Fischerörtchen Neuendorf im Süden von Hiddensee, bietet Fischereigeschichte pur. Der alte Reusenschuppen »Groot Partie«, heute Museumscafé und Veranstaltungsort sowie der Reusenschuppen »Lütt Partie«, ein Museum der Fischereigeschichte sind Zeugen des traditionellen Fischerhandwerks auf der Insel. Trampelpfade führen zu den freistehenden Häusern inmitten der bezaubernden Landschaft. Der kleine Hafen am Schaproder Bodden bietet einen Wasserwanderrastplatz und der breite Ostseestrand lädt ein zum erholsamen Relaxen.

Pferde gehören zum Landschaftsbild von Hiddensee

Aktivitäten auf dem »süßen Ländchen«

Wandern, Segeln, Radeln und Reiten sind die beliebtesten Freizeitmöglichkeiten während eines Inselaufenthaltes. Eine beliebte Wanderroute ist die 8 Kilometer weite Tour von Neuendorf zum südlichen Leuchtfeuer Gellen, ebenso die Wanderung von Kloster zum Leuchtfeuer Dornbusch im Norden.

Die Wassersportschule in Vitte bietet Segel- und Surfkurse an. Segeljollen, Kajaks und Katamarane können gemietet

Malerische Unterkunft: das »Hotel Hitthim«

werden. Fahrradverleiher gibt es in allen Orten der Insel. Auch E-Bikes, Tandems und Lastenräder sind im Angebot. Beim Fuhrmannshof Neubauer in Kloster können geführte Wanderritte für Anfänger und Fortgeschrittene gebucht werden.

Unterkünfte unterm Reetdach

Jugendherbergen oder Campingplätze sind auf der Insel nicht zu finden, dafür jede Menge Ferienwohnungen. Am Hafen von Kloster fällt der Blick auf den malerischen Fachwerkbau des »Hotel Hitthim«. Neben Hotelzimmern werden hier auch Ferienwohnungen und Appartements vermietet.

Die Hotelanlage »Heiderose« zwischen Vitte und Neuendorf hält für ihre Gäste auch Sauna, Solarium, Wellness- und Beautyangebote bereit. Das Restaurant ist erfüllt vom Duft des hausgeräucherten Fisch und dem Brot aus dem Steinbackofen.

Tipps Hiddensee

ANREISE:
Ganzjährig mit der Fähre ab Schaprode nach Neuendorf, Vitte oder Kloster. In der Saison auch von Stralsund, Wiek auf Rügen und Zingst. Außerdem individuelle Anreise mit dem Wassertaxi

ÜBERNACHTEN:
Hotel Hitthim, Hafenweg 8, Kloster

Appartement-Haus Dornbusch, Weißer Weg 2–3, Kloster

GASTRONOMIE:
Imbiss Fischbarkasse »Willi«, Hafenweg 10, Kloster

Buhne XI, Norderende 104a, Vitte

Stranddistel, Plogshagen 15, Neuendorf

KULTUR:
Gerhart-Hauptmann-Haus, Kirchweg 13, Kloster

Heimatmuseum Hiddensee, Kirchweg 1, Kloster

Homunkulus, Norderende 181, Vitte

Seebühne Hidddensee, Wallweg 2, Vitte

FREIZEITAKTIVITÄTEN:
Fuhrmannshof Neubauer, Hafenweg 6, Kloster

Surf & Segel Hiddensee, Norderende 163, Vitte

WELLNESS:
Hotelanlage Heiderose, In den Dünen 127 , Vitte

WEITERE INFOS:
www.seebad-hiddensee.de

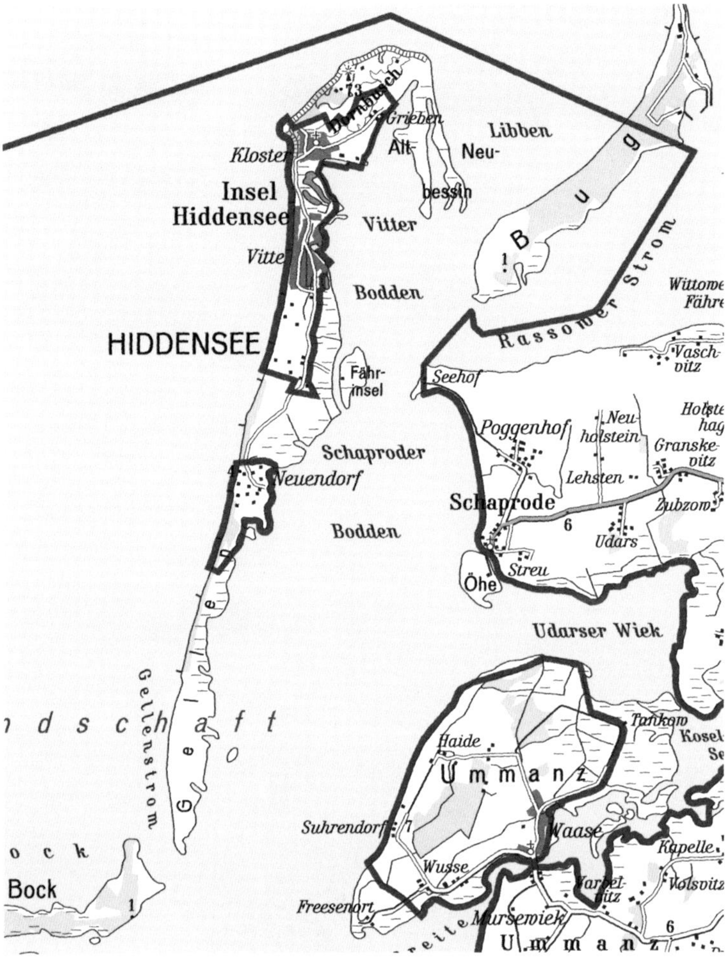
Dornbusch
Grieben
Kloster
Alt-
Neu-
Libben
bessin
Insel
Hiddensee
Vitter
Vitte
Bodden
Bug
Rassower Strom
HIDDENSEE
Fähr-
insel
Seehof
Vasch-
vitz
Poggenhof
Neu-
holstein
Granske-
vitz
Lehsten
Schaproder
Neuendorf
Schaprode
Zubzow
Udars
Bodden
Streu
Öhe
Udarser Wiek
Gellenstrom
Haide
Tankow
Ummanz
Suhrendorf
Waase
Kapelle
Wusse
Freesenort
Varbelvitz
Volsvitz
Murserwiek
Bock

Von Bodden zu Bodden

Auf gut ausgebauten Radwegen durch die Wälder radeln, vorbei an weiten Äckern und Wiesen. Am Wegesrand immer wieder rassige Pferde bewundern, seltene Vögel beobachten oder ein rotes Meer von Mohnblumen erblicken. Für eine erholsame Pause bieten sich idyllische Buchten, lange, weiße Strände oder kleine Häfen an.

Polchow – ein altes Fischerdorf

Der Nordwesten der Insel Rügen mit seiner weiten Boddenlandschaft ist ein bevorzugtes Reiseziel für Individualisten. Erschlossen durch die Deutsche Alleenstraße, den Fernwanderweg bis zu den malerischen Kreidefelsen des Kap Arkona und den Ostseeküstenradweg am Hochufer entlang, bieten sich viele Möglichkeiten Muße in unberührter Natur zu finden.

120 Jahre Familientradition und Herzblut steckt in der Peters Fisch GbR. Alles begann mit Urgroßvater August, der mit seinem Zeesboot zum Fischen fuhr. Heute werden die Köstlichkeiten des Meeres mit modernen Fischkuttern gefangen und in der eigenen Räucherei schonend über Buchenholz geräuchert. Im kleinen Örtchen Polchow, einem Ortsteil von Glowe am Jasmunder Bodden, finden Fischfreunde ein kleines liebevoll gestaltetes Paradies. Hofladen und Restaurant bieten eine breite Palette von Fischgerichten. Der Blick in die Räucherfischtheke lässt einem das Wasser im Munde zusammenlaufen. Was nicht vor Ort konsumiert wird, kann in unter-

In maritimer Atmosphäre lässt sich der frisch geräucherte Fisch genießen

Garantiert kein Massenandrang in der kleinen Badebucht bei Polchow

schiedlich zusammengestellten Fischkisten mit nach Hause genommen werden. Von Mai bis September werden zwei Mal wöchentlich Fisch-Grillabende mit Live-Musik veranstaltet. Wer den Weg nach Polchow nicht findet kommt auch in Stralsund, Binz oder Glowe in den Genuss der leckeren Produkte der Familie Peters.

Der längste Strand auf Rügen

Im Norden Rügens, zwischen Glowe und Juliusruh, erstreckt sich die Nehrung Schaabe mit einem zehn Kilometer langen Ostseestrand, der weitgehend von FKK-Anhängern genutzt wird. Die Nehrung verbindet die Halbinseln Jasmund und

Endlos zieht sich der Strand an der Nehrung Schaabe hin

Wittow und trennt die Tromper Wiek vom Jasmunder Bodden. Eine stellenweise bis zu sieben Meter hohe Küstenschutzdüne, die zur Stabilisierung mit Strandhafer bepflanzt wurde, schützt das Hinterland.

Parallel zum Strand verläuft ein acht Kilometer langer, breiter, asphaltierter Radwanderweg durch waldiges Gebiet, an dem neben Radlern auch Inline-Skater ihre Freude haben. In Glowe befindet sich für die Strandbesucher ein kleiner Dorfplatz mit Gastronomie und Touristenbüro. Von hieraus sind auch Wanderrouten zum Großen Jasmunder Bodden ausgeschildert.

Romantik pur im Fischerdorf Vitt

Ab Putgarten geht's mit der Kap-Arkona-Bahn gemütlich Richtung Kap Arkona, dem wohl spektakulärsten Reiseziel auf Rügen. Die Strecke ist verkehrsberuhigt, privater Autoverkehr muss außerhalb des Gebietes parken. Mit seinem malerischen Kreidefelsen ist das Kap weltberühmt, nicht zuletzt durch das 1818 entstandene Gemälde von Caspar David Friedrich.

Auf halber Strecke aber liegt noch die Haltestelle des alten Fischerdorfes Vitt, welches vor 800 Jahren das erste Mal urkundlich erwähnt wurde. Der erste Blick fällt auf eine kleine achteckige Kapelle, die 1816 nach Plänen des Baumeisters Karl Friedrich Schinkel oberhalb des Dorfes erbaut wurde, dann schmiegen sich 13 reetgedeckte Fischerhütten in den Uferhang, der steil zum Strand abfällt, wo eine Fischräucherei die frisch

Der Leuchtturm weist auch Wanderern den Weg nach Kap Arkona

Reetgedeckte Häuser im malerischen Fischerdorf Vitt

angelandeten Fische aufbereitet. Mehrere kleine Fischerboote liegen dekorativ an der kleinen Strandbucht. Oberhalb befindet sich ein Café am Hang, von hieraus wandern die Blicke automatisch nach links zu den nur wenige Kilometer entfernten Kreidefelsen mit den markanten Leuchttürmen auf ihrer Spitze. Ein herrlicher Ort zum Relaxen! Beim Spaziergang auf den ausgespülten Schotterwegen durchs Dorf beeindruckt ein Gasthof mit romantischer Terrasse und eine liebevoll gehegte Dorfpumpe, die bis 1980 als einzige Wasserstelle diente. Erst dann gab es eine zentrale Wasserversorgung für die Häuser, die auch heute noch neben den Hausnummern mit Hausmarken gekennzeichnet sind. Mit diesen runenhaften Zeichen wurde auch weiterer Besitz, wie beispielsweise Vieh markiert. Wieder an der Bahnstation gelandet, gibt es noch einmal die Gelegenheit über die mit Mohnblumen durchdrungenen Felder die Aussicht zum Kap zu genießen.

Am Hafen von Vitt fällt der Blick auf die Kreidefelsen von Kap Arkona

Geheimtipp für Surfer und Kiter

Der Wieker Bodden ist mit seinem Flachwasser und meist optimalen Windbedingungen ein wahres Paradies für Anhänger des Surf- und Kite-Sports. Nördlich des Wieker Hafengebietes befindet sich der Surfspot, der die Herzen der Sportler von Mai bis September höher schlagen lässt.

Der nahe Hafen Wiek mit seiner historischen Kreideverladebrücke bietet etwa 90 Liegeplätze, die von Freizeitskippern gern genutzt werden. Wer das Leben auf dem Wasser auch ohne Boot erproben möchte, mietet sich in einem der schwimmenden Häuser, die im Hafen vor Anker liegen, ein. »Haus Hiddensee« verfügt über 77, »Haus Rügen« über

oben Ferienwohnung einmal anders: schwimmende Häuser in der Marina von Wiek

unten Entspannte Pause mit Blick auf den kleinen Hafen

100 Quadratmeter moderne Wohnfläche. Die Terrassen bieten einen schönen Blick über den Hafen bis nach Hiddensee und an kühlen Abenden verströmt der Kamin ein Flair wohliger Gemütlichkeit.

Auch beim Spaziergang auf der historischen, 130 Meter langen Kreidebrücke, 1914 eines der ersten Stahlbetonbauwerke als Verladerampe für Kreide, aber auch Rüben und Kohle gebaut, liegt dem Flaneur der gesamte Hafenbereich zu Füßen. 2014 wurde das Bauwerk saniert und als Relikt der Industriegeschichte des Kreideabbaus für die Öffentlichkeit als Promenade freigegeben. Rund um den Hafen stehen zahlreiche Ferienwohnungen zur Verfügung.

Tipps Nordwest-Rügen

ANREISE:
Mit dem Auto: über die B96 nach Sagard, von dort weiter die L30

Mit der Bahn: von Stralsund im Regionalexpress bis Sassnitz von dort weiter mit dem Bus

ÜBERNACHTEN:
Schwimmende Häuser,
Yachthafen Hafendorf Wiek,
Am Hafen 14, Wiek

GASTRONOMIE:
Peters Fisch, Restaurant – Hofladen – Räucherei,
Dorfstr. 38, Polchow

SEHENSWÜRDIGKEITEN:
Kap Arkona

FREIZEITAKTIVITÄTEN:
Kiteschule Fly-A-Kite Rügen,
Campingplatz Drewoldke,
Zittkower Weg 27, Altenkirchen

Bootsvermietung und geführte Angeltouren im Angelfachgeschäft,
Am Teich 27, Altenkirchen

SHOPPING:
Rügenhof, Dorfstraße 22,
Putgarten

WEITERE INFOS:
www.nordruegen.de

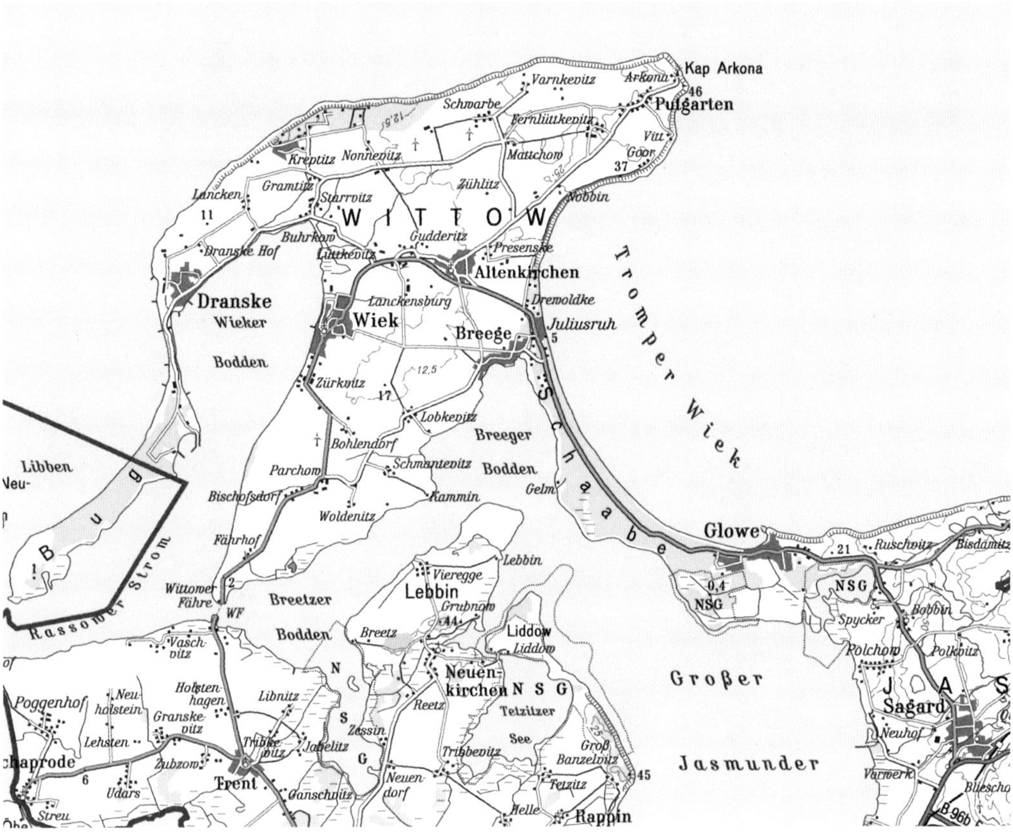
Kap Arkona
Arkona
46
Varnkevitz
Pulgarten
Schwarbe
Fernlüttkevitz
Vitt
Goor
37
Kreptitz
Nonnevitz
Mattchow
Zühlitz
Lancken
Gramtitz
Starrvitz
Nobbin
11
WITTOW
Buhrkow
Gudderitz
Dranske Hof
Lüttkevitz
Presenske
Altenkirchen
Tromper Wiek
Dranske
Lanckensburg
Drewoldke
Wieker
Wiek
Juliusruh
Breege
5
Bodden
12,5
Zürkvitz
17
Lobkevitz
Schaabe
Breeger
Bohlendorf
Libben
Neu-
Parchow
Schmantevitz
Bodden
Bischofsdorf
Gelm
Kammin
Woldenitz
Fährhof
Glowe
Bug
Rassower Strom
21
Ruschvitz
Bisdamitz
Lebbin
Vieregge
Wittower Fähre
2
Lebbin
0,4
NSG
WF
Breetzer
Grubnow
NSG
44
Bobbin
Spycker
Liddow
Bodden
Breetz
Liddow
Vaschvitz
Polchow
Polkvitz
N
Neuenkirchen
NSG
Großer
Poggenhof
Neuholstein
Holstenhagen
Libnitz
S
Tetzitzer
JAS
Sagard
Granskevitz
Reetz
Zessin
See
Neuhof
Lehsten
Tribkevitz
Jabelitz
G
Tribbevitz
Groß Banzelvitz
Jasmunder
Schaprode
Zubzow
Vorwerk
6
Trent
Neuendorf
Tetzitz
45
Udars
Ganschvitz
Bliesch
Streu
Helle
Rappin
B 96b

Klassische Architektur und Natur pur

Neben der schattigen Allee erstrecken sich weite Felder auf denen immer wieder leuchtend roter Klatschmohn oder tiefblaue Kornblumen das Auge erfreuen. Nur ein kurzer Abstecher und schon erreicht man an der Küste kleine Halbinseln, Boddengewässer, Wieke, feinsandige Strände und schroffe Steilküsten.

Putbus – der Traum des Fürsten

Das 1990 gegründete Biosphärenreservat Südost-Rügen spiegelt alle Landschafts- und Küstenformen des mecklenburg-vorpommerschen Küstenraumes wider. Es erstreckt sich über eine Fläche von 228 Quadratkilometer von Granitz im Norden über die Halbinsel Mönchgut, den Rügischen Bodden mit der Insel Vilm bis Putbus im Westen.

Das Städtchen Putbus, an der Deutschen Alleenstraße gelegen, hat sich mit seinen weiß getünchten Häusern und klassizistischen Fassaden fein herausgeputzt und macht seinem Planer Fürst Wilhelm Malte I. alle Ehre. Der um das ehemalige Schloss angelegte große Park im Stil englischer Landschaftsgärten mit einer Fläche von fast einem Quadratkilometer lädt ein zu einer Entdeckungstour zu Gemäuern des 19. Jahrhunderts, wie dem Marstall, der heute als Kulisse und Bühne für Konzerte dient, dem Mausoleum, in dem sich die Sarkophage der Fürstenfamilie befinden, dem Affenhaus mit Café und Spielzeugmuseum

Der weitläufige Schlosspark lädt zum Lustwandeln ein

Pompös und beeindruckend: das Theaterportal

oder der Orangerie mit einem Keramikladen und Eiscafé. Zwischen alledem flaniert man unter uraltem Baumbestand an Teichen, Denkmal, Wildgehege und Schlosskirche vorbei, genießt die Weite der Wiesen und bekommt eine Vorstellung vom Leben des Adels Ende des 19. Jahrhunderts in dem ein fürstliches Schauspielhaus, gleich gegenüber dem Schloss, nicht fehlen durfte. 1819, als Sommertheater erbaut, erfolgte schon 1826 ein Umbau, dessen imposanter Säulenportikus bis heute zu bewundern ist.

Lauterbach – einst eines der vornehmsten Seebäder Europas

Der kleine verschlafene Hafen, ein Ortsteil von Putbus, direkt am Greifswalder Bodden, verblüfft mit seiner Historie. 1816 von Fürst Wilhelm Malte zu Putbus gegründet, war er bis 1860 das meist besuchte Seebad der Insel Rügen. Das Badehaus Goor, in der zweiten Hälfte des 19. Jahrhunderts eines der vornehmsten Seebäder Europas, hat viel dazu beigetragen. Inmitten des circa sieben Hektar großen Waldgebietes Goor erhebt sich das repräsentative Gebäude von 1830 mit dem monumentalen Säulenvorbau, umgeben von imposanten Stieleichen und Rotbuchen. Nach mehreren Umbauten wurde 2007 an diesem traditionsreichen Ort das Hotel Badehaus Goor eröffnet und bietet seinen Gästen seitdem stilvolles Wohnen inklusive Wellness. Einen Hauch von Abenteuer vermitteln dagegen die Pfahlhäuser am Rande des Yachthafens. Etwa zweieinhalb Meter über der Wasseroberfläche wohnt es sich ganz komfortabel umgeben vom leisen Plätschern der Wellen.

Idyllische Hafenatmosphäre in Lauterbach

Segeln auf einem historischen Fischtransporter

Lauterbach ist der Heimathafen des Traditionsseglers »Ernestine«. Das Schiff lief 1899 vom Stapel und war jahrzehntelang als Fischtransportschiff im Einsatz. Nach wechselvoller Geschichte und einigen Umbauten werden seit einigen Jahren ein- oder mehrtägige Törns zu unterschiedlichen Destinationen für Gäste, die aktiv am Segelgeschehen teilnehmen möchten, angeboten. Tagesfahrten bieten 22 Personen die Möglichkeit mitzusegeln. Für Mehrtagesfahrten nimmt der stolze Segler 10 Personen an Bord.

Insel Vilm im Biosphärenreservat Südost

Das Biosphärenreservat Südost-Rügen repräsentiert eine breite Palette der nordostdeutschen Landschafts- und Küstenformen. Halbinseln und Bodden, feinsandige Ostseestrände und imposante Steilküsten stehen im Gegensatz zu den Schilfgürteln an den Boddenufern. Buchenwälder und Wiesen ergänzen das Landschaftsbild. Die etwa 94 Hektar große, vor Putbus gelegene Insel Vilm ist ein ganz besonderes kleines Juwel. Die letzten Holzfällungen fanden 1527 statt und so konnten sich die uralten Eichen und Buchen zu einem wahren Urwald entwickeln. Dieser Reichtum der Natur darf nur im Rahmen von Führungen bewundert werden. Im Hafen von Lauterbach startet MS »Julchen« der Fahr-

Hinüber zur Insel Vilm geht es nur nach Voranmeldung

gastreederei Lenz um 10 Uhr Richtung Vilm. Die Teilnehmerzahl dieser Exkursionen ist auf 30 Personen begrenzt. Die Führung dauert etwa zweieinhalb Stunden. Handys sind unerwünscht!

In Kapitän Nemo's Kombüse

Schon mal im U-Boot gespeist? Möglich wird dies im U-Boot Hotel & Restaurant Nautilus in Neukamp, südlich von Putbus. Mitten im Nirgendwo am Rande des Biosphärenreservats Südost-Rügen befindet sich das Erlebnisrestaurant in der Kulisse einer fantastischen Unterwasserwelt.

Neben den Leckerbissen aus der Kombüse wird auch jede Menge Augenschmaus serviert. Ein 3000-Liter-Meerwasseraquarium vervollständigt das maritime U-Boot-Ambiente. Satt und voller Eindrücke kann man sich dann in die Kapitänszimmer und -suiten zurückziehen, um am nächsten Tag mit dem erfahrenen Angelguide Thomas Klatte die Ostsee oder den Bodden unsicher zu machen. Auf seinen geführten Angeltouren gehen jede Menge kapitale Hechte, Barsche, Zander oder Meerforellen an den Haken.

Unterwasser-Impressionen im Hotel Nautilus

Der Kormoran präsentiert sich den Besuchern der Seebrücke

Sellin ist stolz auf die schönste Seebrücke Rügens

Nur circa 17 Kilometer entfernt von der Residenzstadt Putbus, der Deutschen Alleenstraße folgend, liegt das Ostseebad Sellin. Der Blick auf die malerische Seebrücke zu Füßen der Steilküste ist atemberaubend. 394 Meter führt die längste Seebrücke Rügens aufs Meer und gibt den Blick frei auf Möwen und Kormorane, die auf den Wellenbrechern pausieren. Am Ende der hölzernen Brücke bietet sich die Möglichkeit mit einer Tauchgondel dem Meeresgrund ein wenig näher und den Geheimnissen des Meeres auf die Spur zu kommen. Nach einem Spaziergang auf der Brücke ist der Aufenthalt im Brückenrestaurant »Palmengarten« im Stil der alten

Bäderarchitektur ein Muss. Ein Blick in die reich dekorierte Eistheke lässt keine Wünsche offen. »Gelato de Luxe« nennt Giovanni Lasagna seine cremigen Verführungen, die ihm schon zwei Weltmeistertitel und internationalen Erfolg beschert haben. Auch sonst kann man hier Vieles genießen: fangfrischen Fisch oder auch leckere Produkte aus der Privatkonditorei. Dazu immer wieder den Blick auf den Strand und die Steilküste oder auch auf besondere Events, wie beispielsweise eine Hochzeitsgesellschaft, deren Protagonisten sich im stimmungsvollen Baltic Saal des Restaurants getraut haben. Auch für kulturelle Veranstaltungen wird dieses ganz besondere Ambiente immer wieder gern genutzt.

Wie auf dem Catwalk flaniert es sich auf der längsten Seebrücke Rügens

Ruhe und Gelassenheit in Sellin

Zu beiden Seiten der Brücke erstreckt sich ein etwa drei Kilometer weiter, feinsandiger Strand, darüber auf der Steilküste führt der Hochuferweg durch einen dichten Buchenwald bis ins benachbarte Binz. Für den Rückweg bietet sich dann eine Fahrt in der Schmalspurbahn »Rasender Roland« an, die die Orte im Südosten von Rügen verbindet. 87 Stufen sind zwischen der Seebrücke und der Wilhelmstraße, Sellins Flaniermeile, zu überwinden. Wer da kapituliert darf den Seilbahnaufzug nehmen, um oben angekommen die reizenden Villen

Badespaß vor der Steilküste nahe der Seebrücke von Sellin

Klassische Bäderarchitektur darf im Seebad natürlich nicht fehlen

in Bäderarchitektur mit ihren Giebeln, reich verzierten Balkonen und Türmchen zu bestaunen oder weitere magische Orte zu erkunden. Dem Kurpark Friedensberg werden besondere Energieströme nachgesagt, die auf einem Trimm-Pfad erlebt werden können. Auch der Selliner Forst bietet Ruhe und Erholung. Am Selliner See können Wasserwanderer rasten und am südlichen Ende des Sees setzt eine Ruderfähre für Personen und Fahrräder über die Baaber Rinne von Baabe nach Moritzdorf. Die kürzeste Fährverbindung Norddeutschlands hat Tradition seit 1891. Einen ganz besonderen Service bietet Sellin seinen Gästen mit dem Ortsbus der Linie 20. Diesen können Urlauber kostenfrei zu den Orten der Halbinsel Mönchgut nutzen.

Tipps Südost-Rügen

ANREISE:
Mit dem Auto: über die L29 nach Putbus und weiter auf der B196 nach Sellin

Mit der Bahn: von Stralsund mit Regionalexpress und Pressnitztalbahn nach Putbus

ÜBERNACHTEN:
Pfahlhäuser im Yachthafen von Lauterbach

GASTRONOMIE:
U-Boot Hotel und Restaurant Nautilus, Neukamp 17, Putbus

Restaurant Palmengarten, Seebrücke Ostseebad Sellin, Seebrücke 1

SEHENSWERT:
Schlosspark und Orangerie in Putbus

KULTUR:
Lesungen, Bühnenshows und Musikevents im Restaurant auf der Seebrücke Sellin

FREIZEITAKTIVITÄTEN:
Tauchgondel Sellin, Wilhelmstr. 25, Ostseebad Sellin

Segeln auf dem Traditionsschiff »Ernestine« ab Lauterbach

Schiffsausflug zur Insel Vilm, Fahrgastreederei Lenz, Dorfstraße 9, Putbus OT Freetz

WELLNESS:
Hotel Badehaus Goor, Fürst-Malte-Allee 1, Lauterbach

SHOPPING:
Bernstein Juwelier Kintzel / Bernstein-Museum, Granitzer Straße 43, Sellin

anders Keramik, Torhaus an der Orangerie, Alleestraße 35, Putbus

WEITERE INFOS:
www.biosphaerenreservat-suedostruegen.de

BERGEN
auf Rügen
Dreschvitz
Neuendorf
Mönkvitz
Platvitz
Willihof
Kubbelkow
Groß
Klein
Neu
Sassitz
Teschenhagen
Tilzow
Güttin
Sehrow
Sehlen
Koldevitz
Bietegast
Karnitz
Berglase
Kowall
GARZ
Rügen
Poseritz
Wulfsberg
Rosengarten
Neparmitz
Swantow
Grabow
Puddemin
Glutzow
Mellnitz
Groß Schoritz
Schoritzer
Wiek
NSG
Zudar
Glewitzer
Wiek
Losentitz
Maltzien
Zudar
Zicker
Poppelvitz
Grabow
Dumsevitz
Silmenitz
Zirsevitz
Dumsevitz
Kaiseritz
B196
Trips
Streu
Bodden
Lubkow
Kiekut
Neklade
Siggermow
Silvitz
Dolgemost
Karow
Zirkow
Binz
Wiek
Schmachter
See
NSG
Granitz
Jagdschloß
Granitz
Serams
Viervitz
Pastitz
Posewald
Nistelitz
Vilmnitz
Ketelshagen
PUTBUS
Lonvitz
Lauterbach
Nadelitz
Stresow
Stresower
Bucht
Neu
Reddevitz
Groß
Lancken-
Granitz
Altensien
Selliner
See
Sellin
Baabe
Moritzdorf
Seedorf
Preetz
Gobbin
NSG
Alt
Reddevitz
Middel-
hagen
Göhren
Nordperd
B 196
NSG
Kasnevitz
Wreechen
Wreechen-
see
Neuendorf
Neukamp
Krakvitz
Altkamp
NSG
Vilm
Marien-
dorf
Hagensche Wiek
Lobbe
Gager
NSG
MÖNCHGUT
Groß
Zicker
Zicker
See
Klein
Zicker
Thiessow
Südperd
Rügischer Bodden
GREIFSWALDER

Ein Paradies für Kanuten und Angler

Gemächlich gleitet das Boot dahin. Schilfrohr wiegt sich im Wind und kahle Baumstämme ragen gespenstisch aus dem Sumpf. Eine wahrhaftige Urlandschaft. Gelegentlich bietet ein Wasserrastplatz die Möglichkeit zum Anlegen. In größeren Ortschaften wie Demmin oder Loitz lohnt sich auch ein längerer Aufenthalt.

Natur, Natur und nochmals Natur

Das Peenetal ist mit etwa 20.000 Hektar das größte zusammenhängende Niedermoorgebiet Mitteleuropas. Moore, Wälder, Feuchtwiesen und Magerrasen prägen diese Landschaft, die auch »Amazonas des Nordens« genannt wird.

Über 85 Kilometer vom Kummerower See bis zur Mündung in den Peenestrom bei Anklam, schlängelt sich der drittlängste Fluss Mecklenburg-Vorpommerns kurvenreich durch die Landschaft, von der im Peenetal circa 9.600 Hektar als Naturschutzgebiet ausgewiesen sind. Dieser strukturarme Landstrich, in dem sich die Peene mit niedriger Fließgeschwindigkeit bewegt, bietet hervorragende Biotope für Amphibien, Reptilien, große Vorkommen von Bibern und Fischottern und einen Schatz an Fischen, wie Plötze, Barsch, Hecht, Schlei oder auch Wels und den seltenen Steinbeisser. Als Vogelschutzgebiet ausgewiesen, ist es Heimat

Gespenstisch ragen die Baumstümpfe aus dem Morast

An einem Wasserrastplatz lässt es sich entspannt pausieren

für 30 europaweit geschützte Vogelarten, darunter Schreiadler und Eisvogel. Zwölf Orchideenarten sind neben 740 weiteren Pflanzenarten an den Ufern zu finden, darunter Mehlprimeln, Trollblumen und Lungen-Enzian ebenso wie das Gemeine Fettkraut oder die Gewöhnliche Kuhschelle zum Gefallen von zahlreichen Insektenarten, wie Libellen oder Tag- und Nachtfaltern. Diese wunderbare Umgebung ist ideal für Exkursionen mit dem Kanu, in dem man den verborgenen Schätzen der Natur sehr nahe kommen kann.

Ein erlebnisreiches Örtchen am Rande von zwei Naturparks

Das Städtchen Dargun, nördlich des Kummerower Sees am Rande des Peenetals gelegen, ist dank seiner Kloster- und Schlossanlage ein beliebter Ausflugsort. Im Jahre 1172 gründeten Zisterziensermönche das Kloster, welches nach der Reformation zu einem Schloss im Stil der Renaissance umgebaut wurde. 1945 brannte die Anlage total aus und erinnert bis heute als Ruine an vergangene Zeiten. Der zu Beginn des 18. Jahrhunderts angelegte Schlosspark steht mit seiner Fläche von 3,5 Hektar und einigen etwa 300 Jahre alten stolzen Eiben Erholungsuchenden zur Verfügung. Ein restaurierter barocker Teepavillon ist die ideale Location für Hochzeiten und der historische Kornspeicher beherbergt heute einen liebevoll geführten und hübsch dekorierten Klosterladen, in dem man sich zwischen Lebensmitteln aus der Region

Vom Kloster Dargun steht nur noch die Fassade, aber es wirkt noch immer imposant

Auch von den meisten Nebengebäuden sind nur noch Relikte vorhanden

und Kunsthandwerk verlieren kann. Ob Hirsch- oder Wildschwein-Salami, Naturkosmetik oder Schoko-Trüffel, es ist für jeden etwas dabei.

Nicht käuflich, aber ebenso schön zum Schauen ist »Uns lütt Museum« im ehemaligen Gästehaus des Klosters, nahe dem Gelben Tor, welches den direkten Weg zur Schlossruine weist. Das kleine Museum entführt den Besucher in den Alltag längst vergangener Zeiten. Da werden Wohnstuben und Handwerksräume, Omas Küche, Ackergeräte und ein Bauerngarten ge-

links Der Klosterladen im ehemaligen Kornspeicher bietet lokale Spezialitäten an

rechts Wie das Landleben in früheren Zeiten war, zeigt »Uns lütt Museum«

zeigt. Eine bezaubernde Erlebniswelt, die mit viel Fleiß zusammengetragen wurde. Ähnlich wie beim Kloster Eldena, wird die malerische Ruine der Schlossanlage in den Sommermonaten für große Open-Air-Veranstaltungen, wie den Darguner Musiksommer oder den Festspielsommer Mecklenburg-Vorpommern, genutzt.

Einen hohen Freizeitwert hat auch der Klostersee, dem eine ausgezeichnete Wasserqualität testiert wird. Baden, Angeln und Bootfahren auf dem See sind ebenso entspannend wie die anderthalb Stunden dauernde Wanderung um den See. Der Irrgarten am Waldeck, eine Grünanlage mit einem etwa 2.035 Meter langen Wegesystem durch Hainbuchenhecken verspricht aufregenden Spaß, bis in der Mitte der hölzerne Aussichtsturm erklettert werden kann und auch der nahe Walderlebnispfad lässt keine Langeweile aufkommen. Am Bahnhof Dargun hingegen warten Draisinen auf ambitionierte Radler, die den Tag in reiner Natur verbringen möchten. Eine Draisinen-Station ist sogar am »Hotel am Klostersee«, welches mit seiner zentralen Lage ein guter Ausgangspunkt für alle Unternehmungen ist. Ein Stichkanal führt direkt vom Hotel zur Peene und zum Kummerower See.

Eine Stadt an drei Flüssen

Am Zusammenfluss von Peene, Trebel und Tollense wurde einst das Städtchen Demmin gegründet. 1283 erfolgte der Beitritt zur Hanse. Diese exponierte Lage begründet, dass die angestrebte naturverträgliche touristische Nutzung – sie ist der Hoffnungsschimmer auf eine verhalten positive wirtschaftliche Entwicklung – ihren Schwerpunkt im Wassertourismus sieht. So steht auch der Hafen im Fokus des Geschehens. Hier ist der Ausgangspunkt für verschiedene Unternehmungen der Fahrgastschiffe »Hamburg« und »Hansestadt Demmin« der Peeneschifffahrt von Kapitän Ingo Müller. Ob eine eintägige Fluss-

Einsteigen zur Peenefahrt: Ausflugsboote im Hafen von Demmin

So lebte man zur Zeit der Hanse: das Museumsdorf »Hanseviertel«

kreuzfahrt auf der Peene, Mondschein- oder Biberfahrt, die Qual der Wahl bleibt beim Urlauber. Gegenüber dem Schiffsanleger auf der Fischerinsel lockt das Museumsdorf »Hanseviertel« in die Welt des Mittelalters. Tätigkeiten wie Brotbacken, Filzen, Kerzenziehen, Schmieden, Töpfern oder Korbflechten veranschaulichen die Arbeitswelt der Menschen zu Hansezeiten und laden zum Mitmachen ein.

Maritimes Flair und Wellenplätschern zum Einschlafen auf einem Hausboot oder auf einer Yacht bietet die Marina Demmin. Und zu Aktivitäten auf dem Wasser berät dann das »Kanuhaus« mit der Vermietung von Canadiern und Kajaks und, falls erwünscht, mit der Organisation ganzer Touren. In das Ambiente früherer Zeiten verführt dann wieder eine 1806 erbaute Achtständer-Turmwindmühle, eine der ältesten erhaltenen Mühlen im norddeutschen Raum, die noch mit Original-Inventar ausgestattet ist. Das Hotel und Restaurant »Demminer Mühle« sorgt hier für das leibliche Wohl der Gäste.

Ein Treffpunkt für Wasserwanderer

Die kleine Peenestadt Loitz hat ihre markante Lage genau an der Stelle, wo die Peene ihre Richtung wechselt und gen Osten nach Anklam fließt. Direkt am historischen Bahnhof von 1906, heute das Restaurant »Korl Loitz«, befindet sich die kleine Marina. Früher stand an dieser Stelle das Schloss der Herzogin Sophie, welches 1701 durch einen verheerenden Brand restlos zerstört wurde. Heute ist ein Campingplatz die ideale Unterkunft für Wasserwanderer, die hier Station machen. Neben Zelt- und Caravanplätzen wird auch Glamping, ein naturnahes Übernachten in festen Hütten, welches sich zunehmender Beliebtheit erfreut, im »Amazonas-Camp Loitz« angeboten. Die Marina verfügt über 17 Gastliege-

Idealer Halt für eine Einkehr: das Restaurant »Korl Loitz« am Hafen

plätze. Canadier, Kajaks, Angelboote und auch Flösse können ausgeliehen werden und dann geht es gemächlich den Fluss entlang, vorbei an den vielen ehemaligen Torfstichen, die charakteristisch für diese Gegend sind. Wer es noch bequemer möchte, erkundet diese totale Ruhe ausstrahlende Landschaft mit einem Fahrgastschiff. Das Hafenbecken wird dominiert von einem Ende des 19. Jahrhunderts errichteten Speicher. Ein Imbiss ist Anlaufpunkt für den kleinen Hunger, auch der Hafenmeister ist hier zu finden.

Angler, Paddler, Freizeitkapitäne – alle kommen an und auf der Peene auf ihre Kosten

Die Hausboote im Hafen von Loitz warten auf Gäste

Ein Bummel durch die historische Altstadt zeigt noch das Straßennetz aus dem 13. Jahrhundert und einige Gebäude dieser fernen Zeit. Im KulturKonsum, dem Domizil des Heimatvereins, trifft man sich zu Kulturveranstaltungen und Ausstellungen im idyllischen Fachwerkbau oder im rustikalen, historischen Innenhof. Im Stadtbild stößt man immer wieder auf Werke von Malern und Fotografen an Wänden zerfallener Häuser die unter dem Motto: PeenestraßenGalerie entstanden sind und die die Tristesse so mancher Anwesen etwas lindern. Ein weiterer kultureller Standort für Begegnungen mit Künstlern und ihren Werken ist das Künstler Gut Loitz.

Tipps Peenetal

ANREISE:
Mit dem Auto: A20 bis Abfahrt Jarmen, weiter auf der B110

Mit der Bahn: mit dem Regionalexpress von Stralsund oder Berlin bis Demmin

ÜBERNACHTEN:
Hotel am Klostersee,
Klosterdamm 3e, Dargun

Amazonas-Camp,
Mühlentorvorstadt 12, Loitz

Schlafen auf dem Hausboot oder auf der Yacht, Marina Demmin

GASTRONOMIE:
Restaurant Korl Loitz,
Mühlentorvorstadt 10, Loitz

Hotel und Restaurant
Demminer Mühle,
An der Mühle 3, Demmin

NATUR:
Irrgarten am Waldeck,
Forstsiedlung 13, Dargun

Walderlebnispfad,
Dorfstraße 69, Dargun

KULTUR:
Kloster- und Schlossanlage,
Klosterdamm, Dargun

Uns lütt Museum,
Klosterdamm 6, Dargun

KulturKonsum,
Peenestraße 8, Loitz

Künstler Gut Loitz,
Drosedower Straße 3, Loitz

FREIZEITAKTIVITÄTEN:
Draisinenbahnhof,
Bahnhofstraße 1a, Dargun

Peeneschifffahrt, Käpitän Ingo Müller, Anleger Hafen Loitz oder Hafen Demmin

Biberfloss, HABEMAS,
Mühlentorvorstadt 8a, Loitz

Kanustation Amazonas-Camp,
Mühlentorvorstadt 12, Loitz

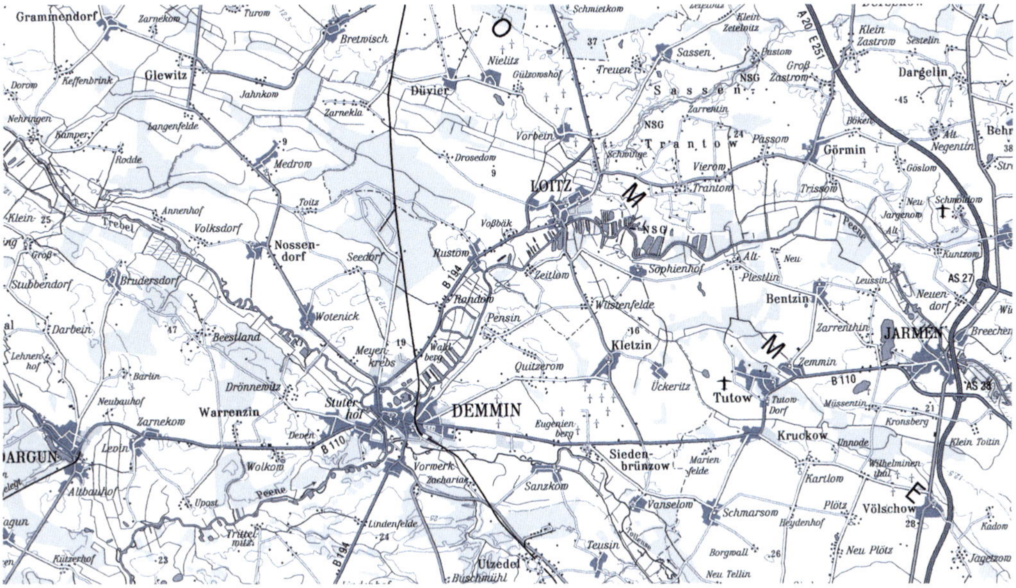

Kanuhaus, Meyenkrebs 15, Demmin

Hanseviertel Demmin, Baumannstraße auf der Fischerinsel, Demmin

SHOPPING:

»Klostervogt Hartwig«, im Speicher der Kloster- und Schlossanlage Dargun

WEITERE INFOS:

www.vorpommern.de/reiseziele/peenetal-peenestrom/

Wissenschaft trifft Backsteingotik

Entspannt sitzt es sich bei Wieck am Ufer des Ryck. Ruderer, Paddler und Segelboote ziehen vorüber. Von hier aus sind es nur wenige Schritte über die Klappbrücke ins idyllische Fischerdörfchen Wieck. Ganz in der Nähe liegt das Kloster Eldena, dessen Ruinen durch die Gemälde Caspar David Friedrichs weltbekannt geworden sind. Am Ufer des Ryck führt auch ein Treidelpfad ins etwa fünf Kilometer entfernte Greifswald.

Zentrum der Backsteingotik

Greifswald ist eine sehr lebendige Stadt und dies verdankt sie ihrer bereits 1456 gegründeten Universität, die zu den ältesten Universitäten Mitteleuropas zählt und Menschen wie den Dichter Ernst Moritz Arndt, den Staatsmann Fürst Bernhard von Bülow oder den Arzt Ferdinand Sauerbruch hervorgebracht hat. Die etwa 10.000 Studenten erfüllen die alte Hansestadt mit Leben.

Die grünen Oasen in der Stadt, der Botanische Garten und das Arboretum, werden von der Universität als wissenschaftliche Lehrbetriebe genutzt. Der Botanische Garten mit seinen 16 Gewächshäusern und abwechslungsreichen Außenanlagen erstreckt sich auf etwa zwei Hektar, im 1934 angelegten Arboretum werden 100 verschiedene Gehölze auf einer sieben Hektar umfassenden Fläche präsentiert. Ein schöner Ort, um die Natur auf sich wirken zu lassen.

Natürlich ist auch Greifswald ein Zentrum der Backsteingotik. Nikolaus, Marie und Jacob werden die drei großen Kirchen – Repräsentanten der Backsteingotik – in der Altstadt liebevoll genannt. Der Dom

Das Arboretum dient der Erholung und der Forschung

Der Fischerbrunnen am Rathaus Greifswald mit seinem prägnanten Giebel

St. Nikolai ist als Ort der Universitätsgründung und als Taufkirche Caspar David Friedrichs prominent. Der Blick von seinem 100 Meter hohen Turm ist sensationell. St. Marien, die älteste der drei Stadtkirchen, punktet mit einer Orgel von Friedrich Albert Mehmel aus dem Jahre 1866, deren 2.000 Pfeifen im »Greifswalder Orgelsommer«, einer Veranstaltungsreihe der drei Altstadtkirchen, besonders publikumswirksam zur Geltung kommen. Auch andere Gebäude rund um den Marktplatz und in den anliegenden Straßen sind Zeugnisse dieser Epoche, beispielsweise das Caféhaus Marimar, das Brauhaus Fritz oder das Caspar-David-Friedrich-Zentrum, der Geburtsort dieses herausragenden Künstlers. Auch die architektonischen Finessen anderer Häuser laden zum Schauen ein. Zahlreiche Gebäude sind mit wunderschönen Giebeln geschmückt, so wie das Rathaus. Sehenswert sind auch die Fassade der Rats- und Universitätsbuchhandlung oder die Türmchen und Erker der Ratsapotheke.

Maritimes Flair in der alten Hansestadt

Ganz andere Relikte aus der Zeit der Hanse sind im größten Museumshafen Deutschlands am Ufer des Ryck zu finden. Sie heißen Ewer, Tjalk, Kutter, Zeesboot oder Quatze und sind Zeugen einer harten Arbeitswelt der Fischer. Die Museums- und Kulturwerft veranstaltet im Sommer das Open-Air-Event »Kino auf Segeln«, bei dem originellerweise die Filme auf Segel projiziert werden. Ein ganz anderes Segelvergnügen dagegen bieten die Genusstouren mit dem Segelschiff »Weisse Düne«,

Leckere Fischbrötchen gibt es direkt vom Kutter

das verschiedene Törns offeriert: Segeln mit Brunch, Picknick oder Weinverkostung im edlen Ambiente von Mahagoniholz und Messinglampen oder auch romantische Segeltouren in den Sonnenuntergang. Ein ganz besonderes Erlebnis aber ist die Treideltour des 45 Meter langen Seglers vom Winterliegeplatz im Museumshafen über fünf Kilometer den Ryck entlang, bei dem das Schiff mit reiner Muskelkraft getreidelt wird, um dann mit imposanten 400 Quadratmetern Segelfläche im Greifswalder Bodden zu beeindrucken. Der Treidelpfad vom Museumshafen nach Wieck wird auch von Wanderern und Radlern gern genutzt. Alternativ fährt das Fahrgastschiff »Stubnitz« mehrmals täglich den malerischen Stadtteil an.

Verschiedene historische Boote dümpeln im Museumshafen

Fast zu schön um wahr zu sein

Das denkmalgeschützte Dorfensemble Wieck, seit 1939 ein Ortsteil der Hansestadt Greifswald, ist über eine hölzerne Klappbrücke nach holländischem Vorbild am nördlichen Ufer des Flusses Ryck erreichbar. Mehrmals am Tage ist das Schauspiel der Brückenöffnung erlebbar und die Besucher strömen über die 1887 eingeweihte kleine Brücke in das romantische Fischerdorf mit den vielen reetgedeckten Katen samt ihren gepflegten Blumengärten auf der Jagd nach Fotomotiven. Nicht selten stehen die Holzskulpturen des Bildhauers Heinrich Zenichowski, die entlang eines Skulpturenpfades, zusammen mit Werken internationaler Künstler zu finden sind, im Mittelpunkt der Fotografien. Die Werke haben häufig einen maritimen Bezug. Kein Wunder, der diplomierte Künstler lebt und arbeitet in Wieck.

Über die hölzerne Klappbrücke ist das Fischerdorf Wieck erreichbar

oben Diese Holzskulptur setzt den Fischern ein Denkmal

unten Moderne Kunst vor reetgedeckten Häusern

Ein Blick in die 1883 eingeweihte Bugenhagenkirche ist ebenfalls lohnenswert. Auch hier ist die Affinität zum Meer nicht zu übersehen. Gleich zu Beginn des Dorfspazierganges trifft man auf das »Café Natalie«, von dessen Terrasse der Blick auf den viel frequentierten Fischimbiss »Reusenhaus« fällt. Es riecht verführerisch nach frischem Räucherfisch. Die Aussicht von der Promenade auf das gegenüberliegende Ufer des Ryck wird durch die Gebäude der »Fischereigenossenschaft Greifswalder Bodden« dominiert, die die fangfrische Beute der Fischer sofort verarbeitet, in einem Fischladen als Frisch-, Räucherfisch, mariniert oder in Form von Salaten zum Kauf anbietet, ebenso wie im benachbarten Selbstbedienungsrestaurant «Wie-05«, wo Hering, Zander, Hecht & Co. fangfrisch auf den Teller kommen. Am Kai schaukeln indes die Fischerboote, auf denen die Fischer ihren Fang ausnehmen und die Innereien den Möwen zum Fraß vorwerfen.

Ein Eyecatcher ist immer wieder das hier im Hafen beheimatete Segelschulschiff «Greif«, eine 1951 gebaute Schonerbrigg mit der imposanten Segelfläche von 570 Quadratmetern und einer Geschwindigkeit bis zu 14 Knoten. Auf ihren Törns durch den Greifswalder Bodden, nach Bornholm, Rügen, Stralsund oder durchs Kattegat kann mitgesegelt werden. Höhepunkt für die »Greif« und andere Traditionsschiffe ist die jährlich am dritten Juliwochenende stattfindende »Gaffelrigg«, eine Regatta und ein maritimes Volksfest, zu dem tausende von Besuchern anreisen.

Eine Muse von magischer Schönheit

Wer kennt sie nicht, die Klosterruine Eldena, der der Greifswalder Maler Caspar David Friedrich mit seinen mannigfaltigen Darstellungen zu Weltruhm verholfen hat. Das Zisterzienserkloster, 1199 als Kloster Hilda gegründet, befand sich bis ins 15. Jahrhundert im Bau. Das einst prächtige Backsteinensemble wurde im 30-jährigen Krieg stark beschädigt, war danach dem Verfall preisgegeben und wurde zum großen Teil für den Bau von Befestigungsanlagen und Amtsgebäuden demontiert. Was blieb, waren faszinierende Relikte, die Caspar David Friedrich, der als bedeutendster Künstler der deutschen Frühromantik gilt, Anfang des 19. Jahrhunderts mit seiner Malerei unsterblich machte. Das Motiv passte perfekt in die Reihe seiner düsteren Landschaften, die er auf der Leinwand mystisch in Szene setzte. Heute ist die Ruine, in die 1968 eine Freilichtbühne integriert wurde eher positiv besetzt. Die Veranstaltungsreihe »Jazz Evenings« inmitten der mittelalterlichen Gemäuer ist jährlich am ersten Wochenende im Juli Treffpunkt der Jazzfreunde. Etablierte Künstler der Jazz-Szene, auch aus Polen und Skandinavien, locken die Fans

Die Ruinen des Klosters in Eldena waren Inspiration für Caspar David Friedrich

seit 1981 in diese herausragende Kulisse. Und auch der Eldenaer Klostermarkt im mittelalterlichen Ambiente ist ein Publikumsmagnet. Scheune und Park sind immer Mitte Juni Schauplätze für Ritterspiele und Demonstrationen von traditionellen Handwerken. Junker, Ritter und Edeldamen flanieren zwischen Töpferwaren und Angeboten regionaler Produkte.

Einst Domizil der Pommerschen Herzöge

links In Ludwigsburg ist nur noch wenig vom Glanz alter Zeiten zu erahnen

rechts Riesige Skulpturen aus Metall, Holz oder Stein prägen den Park in Katzow

Östlich der Dänischen Wiek empfängt Schloss Ludwigsburg mit seinem maroden Charme historisch Interessierte. Die Anlage gilt als einer der letzten vorhandenen Renaissancebauten der pommerschen Herzöge und ist als einzige weitgehend im Original erhalten. Von herkömmlichen Vorstellungen eines

Schlosses ist das Anwesen leider weit entfernt. Nach zahlreichen Wechseln der Besitzer ist das 1577 bis 1592 errichtete Schloss im wahrsten Sinne des Wortes in die Jahre gekommen, ohne dass nennenswerte Restaurierungen erfolgten. Ein Förderverein bemüht sich die Schloss- und Gutshofanlage mit einem weitläufigen Park durch Veranstaltungen zu beleben mit dem Ziel, sie als Museum zu nutzen. Mehrmals im Jahr findet auf dem Gelände ein Kräuter- und Räuchermarkt statt. Im Hof werden Open-Air-Konzerte gegeben, und zur landesweiten »Kunst offen«-Veranstaltung zu Pfingsten stellen Künstler des Pommerschen Künstlerverbandes in der Kornhalle und im Beamtenhaus ihre Werke aus. Schlossführungen erfolgen nach telefonischer Absprache.

Spielwiese der Bildhauer

Südöstlich von Greifswald, in Richtung Wolgast, besteht für Kunstinteressierte die Möglichkeit, auf einer Fläche von 20 Hektar etwa einhundert Skulpturen von Künstlern aus 23 Ländern nahezukommen. Gigantisch ragen die Werke aus Holz und Stahl, teilweise mit bis zu 18 Meter Höhe, in den Himmel. Eine tolle Szenerie bei jedem Wetter. Der Skulpturenpark bei Katzow gilt als einer der größten in Europa. Herzstück ist eine Kulturscheune mit 600 Quadratmeter Ausstellungsfläche, Galerie und einigen von Künstlern gestalteten Gästezimmern. Jährliche internationale Bildhauerworkshops erwecken diesen Ort in einsamer Landschaft zum Leben.

Tipps Greifswald

ANREISE:

Mit dem Auto: Autobahn A20 bis Abfahrt Greifswald, dann weiter auf der B109

Mit der Bahn: mit dem Regionalexpress von Rostock, Stralsund oder Berlin

ÜBERNACHTEN:

Hotel Zur Brücke, An der Mühle 6, Greifswald

Ferienwohnungen im »Reusenhaus«, Dorfstraße 103, Wieck

GASTRONOMIE:

»Wie-05«, Jachtweg 1, Greifswald

Café Natalie, Dorfstraße 3, Wieck

Reusenhaus, Dorfstraße 103, Wieck

NATUR:

Botanischer Garten, Münterstraße 2, Greifswald

Arboretum, Friedrich-Ludwig-Jahn-Straße, Greifswald

KULTUR:

St. Marien, Brüggstraße 35, Greifswald

Dom St. Nikolai, Domstraße 54, Greifswald

Atelier Zenichowski, Fährweg 1, Wieck

»Kino auf Segeln«, Museumswerft Greifswald

Caspar-David-Friedrich-Zentrum, Lange Straße 57, Greifswald

Skulpturenpark Katzow, Dorfstraße 45, Katzow

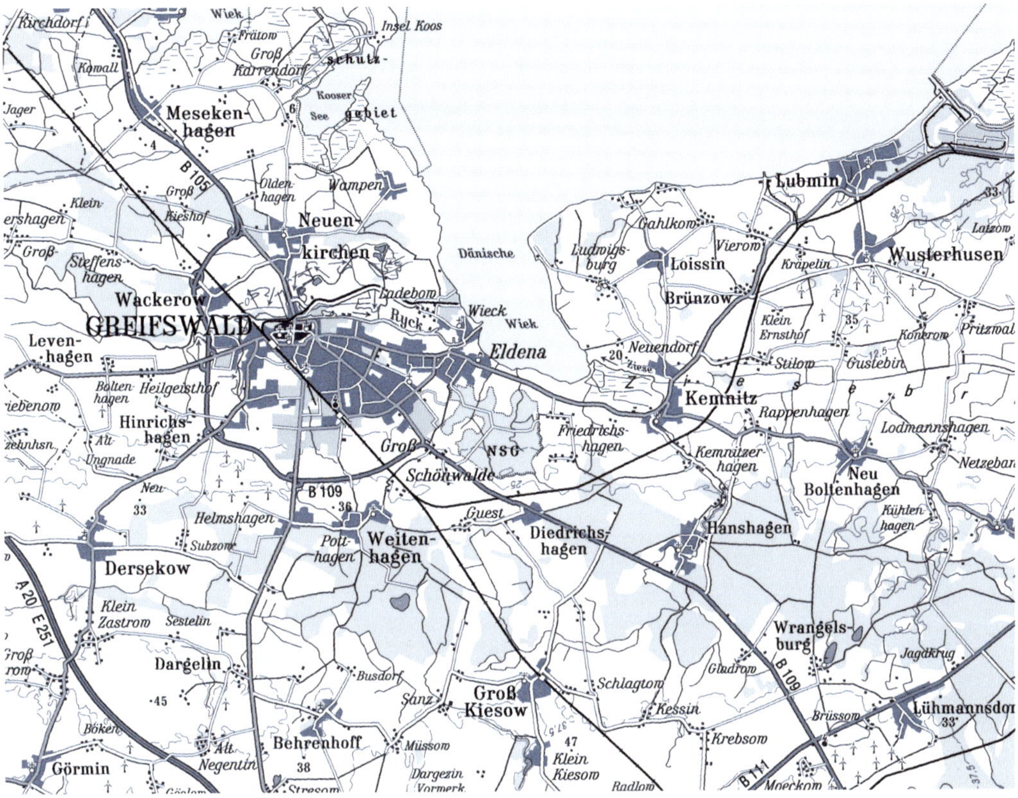

FREIZEITAKTIVITÄTEN:

Segeltörn mit der »Greif«,
Hafen Greifswald-Wieck

Schloss und Gutsanlage
Schlosshof 1–4,
Ludwigsburg

Klosterruine Eldena,
Wolgaster Landstraße 41,
Greifswald Eldena

Genusstouren mit der »Weissen
Düne«, Büro: Lange Straße 52,
Greifswald

Fahrgastschiff »Stubnitz«,
Anleger Stadthafen Greifswald
oder Wieck Zur Brücke

WEITERE INFOS:

www.greifswald.de

Eine Insel zum Relaxen

Leuchtend rot versinkt die Sonne am Horizont. Ob vom Strand aus oder von der Seebrücke – in Zinnowitz sollte man sich dieses Schauspiel nicht entgehen lassen. Dort erwarten den Gast Hotels und Pensionen in klassischer Bäderarchitektur. Zudem ist der Ort ein idealer Ausgangspunkt, um die Insel zu entdecken.

Eine Perle der Bernsteinbäder

Blühende Salzwiesen, Seen und Moore, Buchen- und Kiefernwälder, Weiden, Trockenrasen, Dünen und verträumte Dörfer, mondäne Badeorte, Meer und Achterwasser, all das gehört zu einem der sonnenreichsten Flecken Deutschlands. Die Vielfalt der Landschaft birgt auch einen großen Artenreichtum. Allein 280 Vogelarten, davon elf Greifvogelarten sind im Naturpark Insel Usedom zuhause.

Zwischen Pommerscher Bucht und Achterwasser, an der schmalsten Stelle Usedoms, bietet Koserow mit dem 58 Meter hohen Streckelsberg eine tolle Aussicht über die Ostsee. Der Aufstieg führt durch einen 170 Jahre alten Buchenwald bis zu einem kleinen Aussichtsplateau. Hier blickt man auf Buhnen und Wellenbrecher, die die Küste schützen. Tief unten am Strand bieten die bunten Windfänge der Badegäste ein farbenfrohes Bild. Wieder am Fuß des Berges, oberhalb einer steilen Treppe, die zum Strand führt, lädt ein Kiosk mit frischem Räucherfisch zur Stärkung ein.

Koserow und die Nachbarorte Zempin, Loddin und Ückeritz werden auch die Bernsteinbäder genannt, da sie sich an dieser en-

Gemütliches Wandern am Strand von Koserow

gen Stelle der Insel wie Perlen an einer Schnur aufreihen und dort liegen, wo der Bernstein, das Gold des Meeres, zu Hause ist. Diese reizvolle Landschaft zwischen den Wassern hat auch den Künstler Otto Niemeyer-Holstein fasziniert und er hat bei Koserow 1933 seine Heimat gefunden. 1984 ist er hier gestorben. Seine Idylle »Lüttenort«, Wohnhaus, Atelier und Skulpturengarten ist 2001 um eine Galerie ergänzt worden und steht Besuchern offen.

links Der Aufstieg auf den Streckelsberg führt durch einen schattigen Wald

rechts Weite Sicht über die Ostsee vom Aussichtspunkt auf dem Streckelsberg

Urlaub für die Sinne

Auch in Zinnowitz, im nördlichen Küstenabschnitt Usedoms, ist die außergewöhnliche Bäderarchitektur zu finden. Die meisten dieser Häuser werden als Hotels oder Pensionen genutzt. Eine breite Promenade mit Grünstreifen, Bänken, Brunnen und Skulpturen vermittelt pure Entspannung, und tatsächlich ist

Zinnowitz in erster Linie ein Ort der Ruhe. Abends nach 22 Uhr ist kaum noch ein Lokal geöffnet und die Straßen sind verlassen bis auf wenige Spaziergänger, die den Sonnenuntergang auf der 315 Meter langen Seebrücke beobachtet haben und gemächlich in ihre Unterkünfte zurückkehren. An der Spitze der Seebrücke gibt es die Möglichkeit mit einer Tauchglocke die Unterwasserwelt der Ostsee kennenzulernen. Aber auch sonst bietet Zinnowitz seinen Gästen viel Abwechslung. Die Sauna- und Badelandschaft »Bernsteintherme« verspricht das ganze Jahr Badespaß und Wellness. Kultur wird im Theater »Blechbüchse« geboten. Das Open-Air-Spektakel um die sagenumwobene Stadt Vineta lockt jedes Jahr tausende von Touristen an die Ostseebühne und der zum Teil bis zu 40 Meter breite Strand ist Anziehungspunkt für Spitzensportler. Beim Multivan Windsurf Cup beispielsweise treten die besten deutschen Windsurfer gegeneinander an und beim Xtreme Coast Race kämpfen Teams aus einem Läufer, Outrigger, Biker und Surfskifahrer um die besten Platzierungen.

links In der Tauchglocke auf Tuchfühlung mit der Unterwasserwelt

rechts Klassische Bäderarchitektur an der grünen Promenade in Zinnowitz

Paradies für Familien und Strandsportler

Nördlich von Zinnowitz punktet das Ostseebad Karlshagen mit einem bis zu 80 Meter breiten feinsandigen Strand. Der Zugang ins Meer verläuft flach, also ein idealer Ferienort für den Familienurlaub. Von diesem attraktiven Strandambiente profitiert Karlshagen als Ort für große sportliche Events, wie dem Usedom Beach Cup, dem größten Beach-Volleyballturnier der Welt, dem Ultimate Frisbee Turnier oder dem Beachsoccer Cup. Auch der Yacht- und Fischereihafen am Peenestrom hat sich in den letzten Jahren zu einem Anziehungspunkt entwickelt. Mit seinen 110 Lie-

Beschaulicher Abendspaziergang am Strand von Zinnowitz

In Karlshagen kommt der Fisch direkt vom Kutter in die Räucherei

geplätzen ist er der größte Hafen der Insel. Von hier aus lohnt es die Inseln Ruden oder Greifswalder Oie, 12 Kilometer vor Usedom, per Segeltörn zu entdecken. Beide Inseln liegen im Naturschutzgebiet. Ruden ist fest in der Hand einer Kormorankolonie.

Die Fischräucherei im Hafenbereich verführt mit ihrem Duft so manchen zum Verzehr der Meeresdelikatessen, bevor es vielleicht mit dem Fahrgastschiff »Astor« von Karlshagen zur Robbenbank am Großen Stubber in den Greifswalder Bodden geht. Die Kegelrobben rasten auf der steinigen Sandbank, die bei Niedrigwasser trockenfällt.

Tropische Landschaft in Trassenheide

Von Karlshagen ist es einen Katzensprung nach Trassenheide. Neben vielerlei anderen Vergnügungsangeboten ist die laut Betreiber größte Schmetterlingsfarm Europas ganz sicher ein Urlaubs-Highlight. Ein großes Tropenhaus bezaubert mit seiner Pflanzenvielfalt und über 2000 frei fliegenden Schmetterlingen in den schönsten Farben. Besonders beeindruckend ist der Morpho peleides, ein etwas größerer Falter mit brillanten blauen Flügeln, der in Mittel- und Südamerika beheimatet ist oder der Atlas-Seidenspinner aus Südostasien mit einer Flügelspannweite von bis zu 28 Zentimeter, der Falter mit der größten Flügeloberfläche. Angeschlossen an das Tropenhaus sind ein Museum mit den größten Insekten aus aller Welt, ein Insektenkino sowie zahlreiche Terrarien.

In der Tropenhalle flattern tausende Schmetterlinge um die Köpfe der Besucher

Tipps Usedom Norden

ANREISE:

Mit dem Auto: auf der B111 über die Peenebrücke in Wolgast nach Zinnowitz und Karlshagen

Mit der Bahn: mit dem Regionalexpress nach Züssow, von dort mit der Regionalbahn nach Zinnowitz oder weiter nach Karlshagen

ÜBERNACHTEN:

Usedom-Palace,
Dünenstraße 8, Zinnowitz

GASTRONOMIE:

Zum Smutje,
Vinetastraße 5a, Zinnowitz

KULTUR:

Atelier Otto Niemeyer-Holstein.
Lüttenort, Koserow

Theater »Blechbüchse«,
Seestr. 8, Zinnowitz

FREIZEITAKTIVITÄTEN:

Ückeritzer Personenschifffahrt
April bis Oktober Di, Do, Sa
10 Uhr ab Karlshagen

Schmetterlingsfarm,
Wiesenweg 5, Trassenheide

Tauchgondel,
An der Seebrücke, Zinnowitz

Insel-Safari mit dem Landrover,
Tel. 03836 2379890

Fahrgastschiff »Astor«,
Fischereihafen Karlshagen

WELLNESS:

Bernsteintherme Zinnowitz,
Sauna- und Badelandschaft,
Dünenstraße 2, Zinnowitz

WEITERE INFOS:

www.usedom.de

Natur-
Ruden
schutzgebiet
Struck
Spandower-
hagener
Spandower-
hagen
Wiek
Kölpiensee
Peenemünde
Freest
PEENESTROM
Karlshagen
Kröslin
NSG
Großer
Wollig
Voddow
Hollendorf
Karrin
Trassen-
moor
P O
Mittelhof
Trassenheide
Mölschow
Zinnowitz
Groß
Ernsthof
Zecherin
B 111
Zempin
Tannen-
kamp
Mahlzow
Bannemin
Damerow
Koserow
WOLGAST
Schalensee
Krummin
Kölpinsee
Wolgaster
Krumminer
Neuendorf
Neeberg
Sauzin
Wiek
Insel
Görmitz
Ort
Loddin
Gnitz
Netzel-
kow
Görmitz
Ziemitz
Zarnitz
PEENESTROM
Lütow
ACHTERWASSER
Ückeritz
Hohensee
Möwenort
U S E D

Schlösser in verschlafener Landschaft

Eben noch äste es auf dem Feld, plötzlich springt das Reh auf und begleitet den Wanderer eine Weile, ehe es im nahen Wald verschwindet. Diese und vielerlei andere Naturerlebnisse bietet der südliche Teil der Insel Usedom. Zwischendurch kann der Besucher in mehreren Schlössern rasten, regionale Köstlichkeiten genießen oder auch in das Leben vergangener Jahrhunderte eintauchen.

Auf den Spuren des Usedom-Krimis

Zwischen Achterwasser und Schmollensee, zwischen Peenestrom und Stettiner Haff, mitten im Naturpark Insel Usedom erstreckt sich ganz unaufgeregt eine liebliche, hügelige Landschaft mit verschlafenen Dörfern und abwechslungsreicher Vegetation. Das alles gilt es zu entdecken über zahlreiche Wander-, Rad- und Reitwandertouren. Wasserwanderer sind in den Binnenhäfen willkommen. Auf Usedom steht ein nachhaltiger Tourismus im Fokus.

Das Straßendorf Morgenitz im Usedomer Binnenland, südlich eines Sumpfgebietes und des Lieper Winkels gelegen, macht einen total verschlafenen Eindruck. Kleine reetgedeckte Bauernhäuschen ducken sich an der kopfsteingepflasterten Dorfstraße entlang. Es ist gespenstisch still, kein Laut ist zu hören. Eine alte Kirche ohne Turm, ein Reiterhof und die Töpferei von Astrid Dannegger sind die Highlights in diesem Ort, umgeben von unberührter Natur. Aber einmal jährlich, am letzten Juli-Wochenende, wird es lebhaft im Dorf. Dann ist Töpfermarkt. Keramiker aus ganz Deutschland kommen nach Usedom um ihre Produkte hier entlang der Dorfstraße auszustellen, und Liebhaber dieser Kunst aus Deutschland und dem

Wunderschönes Anwesen in Morgenitz: Töpferwerkstatt und Filmlocation

Die urwüchsigen Tiere kann man im Wisentgehege erleben

nahen Polen reisen an, um das eine oder andere Stück zu erwerben. Da fällt zwischen Gebrauchsgeschirr, dekorativen Kunstwerken, Gartenkeramik und Kleinplastiken so manches Mal die Wahl schwer. Die Töpferwerkstatt ist übrigens an drei Tagen wöchentlich von 16 bis 17 Uhr für Besucher geöffnet.

Aber auch ein ganz anderes Event bringt sporadisch Leben in die Dorfidylle: Die Keramikerin stellt ihr wunderschönes, rostrotes, reetgedecktes Haus dem Filmteam des Usedom-Krimis zur Verfügung. Dies ist das Mörderhus, in das die ehemalige Staatsanwältin, gespielt von Katrin Sass, nach einer Gefängnisstrafe wegen Mordes an ihrem Mann, zurückkehrt. Eine traumhafte Kulisse!

Nur wenige Kilometer entfernt liegt die nächste nicht weniger pittoreske Filmlocation: Das Wisentgehege in Prätenow in der Mellenthiner Heide, wo die frisch aus dem Gefängnis entlassene Ex-Staatsanwältin Arbeit findet. Die eigentlichen Stars sind aber die imposanten Wisente, die größten Säugetiere Europas, die hier in einem Schaugehege gelangweilt an Ästen und Knospen knabbern.

Hotellerie und Gastronomie der besonderen Art

Zwischen Morgenitz und Wisentgehege ist das Örtchen Mellenthin durchaus einen Besuch wert. Ein Wasserschloss aus dem Jahre 1575 beherbergt Restaurant, Brauerei, Kaffeerösterei und Hotel. Beim Weg über den Wassergraben sind 2 Euro Wegezoll zu zahlen, ehe man alles in Augenschein nehmen kann. Ganz ohne Gebühr dagegen kann das benachbarte Landwerthotel & Restaurant Gutshof Insel Usedom

Übernachten und gut speisen: im Wasserschloss Mellenthin

Regionale Bio-Produkte kann man im Gutshof konsumieren

besucht werden. Schon die Namen »Wohlfühl-Zimmer« oder »Genießer-Zimmer« des Hotels machen neugierig. Die Landwertküche bietet ausschließlich biologisch erzeugte Produkte aus der Region, die im berauschenden Duft des Lavendels im Vorgarten besonders gut munden. Originell ist das Waffelbrunch samstags und sonntags mit einer Auswahl aus über 40 Waffelvariationen beispielsweise aus Weizen, Dinkel oder auch Buchweizen. Ebenso ist das vollwertige Frühstücksbuffet ein sensationeller Start in den Tag. Wann bekommt man schon Früchte-, Fenchel- oder Mandelbrot aus täglich frisch gemahlenem Mehl oder jede Menge Auswahl für Vegetarier und Veganer. Schon mal Lupinenaufstrich probiert? Der Gutshof Naturkostladen hält so manche Köstlichkeit auch zum Mitnehmen bereit.

Schloss Pudagla im Dornröschenschlaf

Zwischen Achterwasser und Schmollensee ist Pudagla ein Ort, der entdeckt werden will.

Pommernherzog Ernst Ludwig hat 1574 über dem Kreuzgewölbekeller eines ehemaligen Klosters aus dem 12. Jahrhundert die Abtei als Witwensitz für Marie von Sachsen ausgebaut.

Das zweigeschossige Gebäude mit dem großen steinernen Wappen über dem Portal wirkt vernachlässigt. Der Putz bröckelt von der schmucklosen Fassade und es wirkt ruinenhaft, wäre da nicht das neue Dach und die neuen Türen, die eine schrittweise Sanierung erahnen lassen.

Ein Seiteneingang führt zum historischen Kreuzgewölbekeller aus dem 13. Jahrhundert mit einer Steinzeitausstellung und zum Café »Die Bernsteinhexe«, in dem regelmäßig Ausstellungen und anspruchsvolle kulturelle Events stattfinden. Das Café ist gemütlich und liebevoll arrangiert und auch auf der Terrasse unter altem Baumbestand lässt es sich bei Kaffee und Kuchen gut aushalten.

Kaffee und Kultur bietet das Schloss Pudagla

Selbstbewusst und repräsentativ

Kurz vor der Stadt Usedom, am Rande des Usedomer Stadtforstes, nahe dem Stettiner Haff, liegt das Schloss Stolpe, eines der ältesten Bauwerke der Insel. 1251 das erste Mal als Lehen Gerhards von Schwerin erwähnt, befand es sich viele Jahrhunderte im Familienbesitz. Nach dem Krieg 1945 wurde die Familie enteignet, das Anwesen vielfach genutzt und dann dem Verfall preisgegeben. 1995 erwarb die Gemeinde das historische Bauwerk und sanierte es, um es für Konzerte,

In Stolpe befindet sich ein Schlösschen wie aus dem Bilderbuch

Ausstellungen oder andere kulturelle Veranstaltungen zu nutzen. Ein Besuch des Schlosses vermittelt einen Eindruck der pompösen Wohnkultur des Adels. Die Schlossbibliothek lädt zum Schmökern ein.

Im ehemaligen Marstall sind moderne, lichtdurchflutete Ferienwohnungen entstanden.

Auch das Innere des Schlosses wurde liebevoll restauriert

Ein kurzer Spaziergang führt zum kleinen Dorfteich am Anger. Wenige Schritte vom Teich entfernt ist die Insel-Bäckerei »Langhoff« Treffpunkt für Einheimische und Besucher. Gegenüber, in der zum Schloss gehörenden Remise hat sich ein sehr schönes Restaurant mit kreativer, regionaler Küche etabliert. Die Inneneinrichtung ist stilvoll und exklusiv und hat durch ihre Farbgebung und Beleuchtung einen ganz besonderen Charme. Empfehlenswert sind die »Pommern Tapas«, die ein Spektrum der Insel-Spezialitäten bieten oder auch die Mini-Eisbecher.

links Der Dorfteich vor dem Schloss und der Remise

rechts Neben regionalen Gerichten werden auch leckere Kleinigkeiten im Restaurant Remise serviert

Tipps Usedom Süden

ANREISE:
Mit dem Auto: von Anklam über die B110 nach Usedom (Stadt)

Mit dem Bus: von Anklam nach Usedom (Stadt)

ÜBERNACHTEN:
Apartments Remise,
Alte Dorfstr. 7, Stolpe/Usedom

GASTRONOMIE:
Landwerthotel & Restaurant Gutshof Insel Usedom,
Dorfstraße 24, Mellenthin

Wasserschloss Mellenthin,
Dorfstraße 25, Mellenthin

Restaurant Remise,
Alte Dorfstr. 7, Stolpe/Usedom

KULTUR:
Schloss Stolpe,
Am Schloss 9, Stolpe/Usedom,
geöffnet April bis Oktober

Schloss Pudagla,
Schlossstraße 8, Pudagla

FREIZEITAKTIVITÄTEN:
Wisentgehege, Heideweg 1,
Prätenow

Insel-Safari mit dem Landrover,
Tel. 03836 2379890

Insel Rundflug, Kaiserbäder Flug GmbH & Co. KG, Grüner Weg 6a,
Heringsdorf

SHOPPING:
Hofladen Gutshof Mellenthin,
Dorfstraße 24, Mellenthin

Keramikatelier Astrid Dannegger,
Dorfstraße 8, Morgenitz

WEITERE INFOS:
www.usedom.de

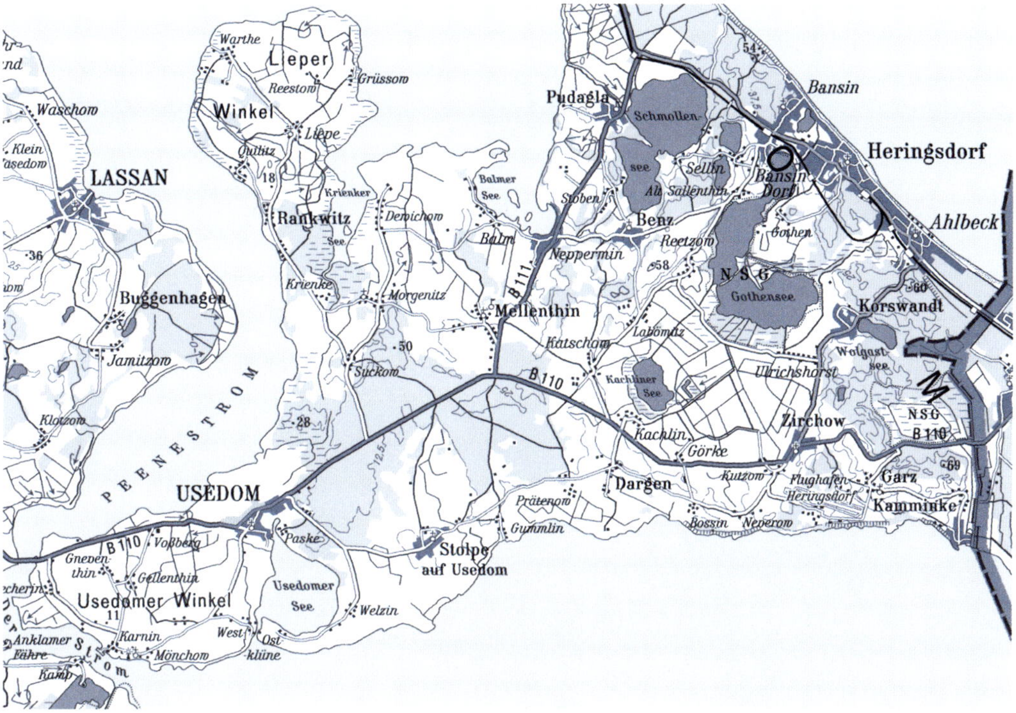
Warthe
Lieper
Grüssow
Reestow
Waschow
Winkel
Liepe
Klein Usedom
Quilitz
LASSAN
Krienker
Rankwitz
Dewichow
Balmer See
Balm
Krienke
Morgenitz
Mellenthin
Buggenhagen
Jamitzow
Suckow
Klotzow
PEENESTROM
USEDOM
Paske
Voßberg
Gneventhin
Gellenthin
Usedomer Winkel
Usedomer See
Stolpe auf Usedom
Welzin
Anklamer Fähre
Karnin
Mönchow
West
Ostklüne
Kamp
Pudagla
Schmollensee
Sellin
Alt Sallenthin
Stoben
Benz
Neppermin
Reetzow
Bansin
Bansin Dorf
Heringsdorf
Ahlbeck
Gothen
N S G
Gothensee
Korswandt
Labömitz
Katschow
Kachliner See
Ulrichshorst
Wolgastsee
Zirchow
Kachlin
Görke
Dargen
Kutzow
Flughafen Heringsdorf
Garz
Kamminke
Prätenow
Gummlin
Bossin
Neverow
B 110
B 111

Unberührte Natur an der Grenze zu Polen

Nur wenige Strandkörbe stehen am Strand von Mönkebude für die Badegäste bereit. Ein Stellplatz für Wohnmobile und einige Liegeplätze für Sportboote komplettieren das Angebot für erholungssuchende Individualisten. Neben dem geruhsamen Strandleben ist der Ort aber auch ein guter Ausgangspunkt für Exkursionen entlang des Stettiner Haffs nach Ueckermünde oder bis zur polnischen Grenze.

Eine Stadt im Aufwind

Die traumhafte unberührte Natur der Wald-, Dünen- und Heidelandschaft ist das Kapital der Region rund um das Stettiner Haff, das sich bis zur polnischen Grenze erstreckt. Der Naturpark Ueckermünder Heide wird erschlossen durch etwa 300 Kilometer Rad- und Wanderwege.

Die Häuschen rund um den historischen Marktplatz haben sich herausgeputzt, die Bronzefigur des Fischers mit dicker Beute auf dem kopfsteingepflasterten Platz erinnert an die Fischertradition des Ortes und der in der Saison auf dem Platz wöchentlich stattfindende »Musiksommer« bringt Schwung in den kleinen Ort. Die Stadtväter Ueckermündes geben sich Mühe die Stadt durch vielerlei Attraktionen zu beleben. Da wären die an prominenten Plätzen platzierten Bronzefiguren. Die Skulptur der bronzenen Waschfrau am historischen Ackerhof verweist auf die ehemaligen Waschplätze an der Uecker, an denen sich die Frauen zum Waschen und Tratschen trafen. Fidel Schultz, der Mann mit dem Schifferklavier am Hafen, erinnert an das Uecker-

Der Marktplatz ist Mittelpunkt Ueckermündes und ein Ort der Entspannung

In dem ehemaligen Kornspeicher wird heute Kultur angeboten

münder Original, der einst mit seinem Instrument das Kneipenpublikum unterhielt, und am Schweinemarkt posieren zwei putzige Bronzeschweine als beliebtes Fotomotiv.

Eine ganz andere Kulisse bietet ein zwei Kilometer langer Fuß- und Radweg von der Altstadt zum Strand. Aus den Stämmen von an diesem Weg gefällten alten Bäumen sind geschnitzte Märchen-

links Bronzefiguren wie die Waschfrau schmücken viele Orte in Ueckermünde

rechts Die Pommernkogge, ein schwimmendes Museum

motive entstanden, die nunmehr den Weg zwischen den Neuanpflanzungen säumen. Ein fröhliches Ratespiel auf diesem hinter der historischen Klappbrücke beginnenden Märchenpfad macht den Weg recht kurzweilig. Am Stadthafen wiederum schmücken poetische Segel mit maritimen Motiven aus Aquarellen und Versen berühmter Dichter seit 2009 die anderthalb Kilometer lange Promenade. Ein Bummel entlang des einstigen Fischerei- und Handelshafens führt vorbei an in Seerosenfeldern schwimmenden Yachten, an Uwes Bootsverleih, der auch zu Kaffeefahrten auf einem urigen Floss zu Biberburgen und Schiffsfriedhof ablegt, am »Futterkutter« mit einem leckeren Fischangebot bis zum Liegeplatz der Pommernkogge »UCRA«, einem schwimmenden Museum, das die Zeit der Hanse erlebbar macht.

Ein weiteres museales Highlight Ueckermündes ist der Kulturspeicher aus dem 18. Jahrhundert, ein Fachwerkbau aus der Blütezeit des Ortes, der als Kornspeicher und Ausspann-Station für Pferdefuhrwerke diente und in dem heute ein Antiquariat, eine Galerie, ein Regionalladen und sogar eine Ferienwohnung untergebracht sind. Nicht zuletzt ist das Schloss der pommerschen Herzöge mit dem Haffmuseum sehenswert. Vom 27 Meter hohen Bergfried gleitet der Blick über die Stadt, zur Feriensiedlung »Lagunenstadt« an der Ueckermündung bis zum Haff und der »Strandhalle«, einem feinen Ausflugsrestaurant am Wasser.

Mönkebude – ein Ort der Stille und Besinnung

Fern von Hektik und Lärm verlebt sich der Familienurlaub in dem kleinen Badeort am Stettiner Haff, nur sieben Kilometer westlich von Ueckermünde und vis-à-vis der Insel Usedom. Der Name geht zurück auf die Gründung von Mönchen im Jahre 1244. Die zum Teil reetgedeckten Katen des vorpommerschen 800-Seelenortes schmiegen sich in die Bauerngärten. Einige sind gepflegt, andere haben schon bessere Zeiten gesehen. Im Ort herrscht totale Ruhe, auch das Heimatmuseum Fischerstube mit Exponaten der Fischerei und Dokumentationen zur Geschichte des Ortes ist trotz der Saison nicht gerade frequentiert. Im benachbarten Touristenbüro können bei Bedarf Fahrräder gemietet werden oder Böllerwagen für Kinder. Reges Leben an diesem Ort der Stille herrscht dagegen in den etwa siebzig Nestern auf dem Schwalbenbaum, einer Nisthilfe für Mehlschwalben, die der Gemeinde den Titel »Schwalbenfreundliches Haus« eingebracht hat. Diese Auszeichnung basiert auf einer Initiative des Naturschutzbundes Mecklenburg-Vorpommerns, der damit das

Ein idealer Stellplatz: zugleich im Grünen und am Strand

Aussterben der Schwalben verhindern will, da immer mehr Menschen verhindern, dass die Vögel ihre Nester an ihrem Haus bauen und die Wände verunreinigen.

Nicht weit von hier liegt der Yacht- und Fischereihafen. Fünf Fischer des Ortes verdienen noch mit der Fischerei ihren Lebensunterhalt. Auch Skipper Alwin Harder hat hier seinen Heimathafen mit seinem 1925 gebauten Zeesboot »Ghost«. Von Mai bis September ist er touristisch unterwegs und erzählt seinen Gästen gern maritime Geschichten aus der guten alten Zeit der Zeesboote. Östlich des Hafens erstreckt sich ein kleiner 500 Meter langer Strand mit FKK-Bereich, ihn säumt eine in den 1970er Jahren gebaute Bungalowsiedlung, deren Häuschen als Ferienwohnungen vermietet werden. Westlich des Hafenbeckens ist ein Wohnmobilstellplatz mit Blick auf das Haff. Zur jährlichen Haff-Sail im Juni, zum Segeln um das Blaue Band vom Stettiner Haff im Juli und zur Haff-Regatta im September, sitzt man hier in der ersten Reihe. Das Stettiner Haff gilt mit seinen malerischen Schilfgürteln als eines der schönsten Segelreviere im Ostseeraum.

Wenn das Seeklima zur Entspannung nicht reicht, bietet die örtliche Salzgrotte eine Oase der Erholung. Verschiedene Salze fördern die Stärkung der Abwehrkräfte, Massagen mit so verheißungsvollen Namen wie: Schokoladen- oder Honigzupfmassage, Kaffee-Peeling oder Kräuterstempelmassage sind das Sahnehäubchen zum Wohlbefinden.

Ein Garten der Superlative in Christiansberg

Direkt an der Grenze zu Polen, in der Nähe des Dorfes Luckow, in the middle of nowhere, haben sich Walter Kapron und Manfred Genseburg den Traum von einem grünen Paradies erfüllt. Seit 1982 sind die Herren unermüdlich im Einsatz rund um ein altes Bauerngehöft auf 30.000 Quadratmetern einen traumhaften parkähnlichen Garten anzulegen. Das Resultat ist atem-

Wo immer man hinschaut gibt es üppige Blumenpracht zu bestaunen

Ein gemütlicher Platz zum Verweilen im grünen Paradies

beraubend schön. Ein Schattengarten im Schutze von Laub- und Nadelgehölzen mit etwa 250 Sorten Funkien, Farnen und Waldlilien, ein Alpinum mit seltenen Gebirgspflanzen, ein Heidegarten mit circa 40 Heidesorten, kombiniert mit Zwerggehölzen, ein ungefähr 200 Sorten umfassender Magnoliengarten, etwa 500 verschiedene Pfingstrosen sind nur Beispiele einer Unzahl von blühenden Preziosen. Rund um einen Gartenteich werden Wasser- und Sumpfpflanzen präsentiert und hübsche Bänke und kleine Pavillons inmitten der Pracht laden zum Verweilen und Geniessen ein. Dieser mit viel Liebe zum Detail angelegte private botanische Garten ist ein Juwel in dieser scheinbar vergessenen einsamen Landschaft.

Eine Landschaft für Individualisten

Die nordöstlichste Region Deutschlands am Neuwarper See, einer Bucht des Stettiner Haffs, wird als Riether Winkel bezeichnet. Mitten im See, direkt an der polnischen Grenze, liegt die Insel Riether Werder, ein etwa 82 Hektar großes Naturschutzgebiet mit beachtlicher Fauna. Ungefähr 149 Vogelarten, 13 Arten von Säugern, vier Lurcharten sowie 87 Laufkäferarten sollen hier unterwegs sein. Die Insel darf nur mit amtlicher Genehmigung betreten werden.

Gegenüber dem südlichen Inselufer liegt das verträumte Fischerdorf Rieth. Von Wald umschlossen, schlummert das Dorf inmitten unberührter Natur. Ein idealer Ort für die Oecotrophologin in ihrem »Gäste- und Gesundhaus Klatschmohn« Fastenwochen nach der Buchinger-Methode oder Back- und Koch-Workshops zur vollwertigen Ernährung anzubieten. Einige Häuser des Dorfes sind vernachlässigt oder gar zerfallen. Kaum zu glauben, dass die »TraumHaff«-Ferienhausvermietung eine Reihe modern ausgestatteter Ferienhäuser anzubieten hat. Darunter das Filmhaus »Grossstadtklein« des gleichnamigen Films von Til Schweiger und Tom Zickler, nur wenige Meter vom kleinen Naturhafen entfernt direkt am Wald. Wer etwas ganz Besonderes sucht wird im »Einzigartigen Lädchen« überrascht mit vielen ausgefallenen kreativen Produkten, wie: Skulpturen, Wichtel, Schmuckunikaten oder Wichtelseife. Falls das Lädchen nicht geöffnet ist, kann gern ein individueller Termin vereinbart werden. Die Besitzerin Ulrike Siedl veranstaltet auch Kreativ-Workshops und in ihrem kleinsten Regionalladen im Riether Winkel, einem winzigen Verkaufsbord, wird man sogar in Sachen Fruchtaufstriche, Senfe und Chutneys fündig.

Die kleine Kirche passt gut in den winzigen Ort

In der kleinsten Heimatstube Mecklenburg-Vorpommerns hingegen, mitten im Dorf im ehemaligen Spritzenhaus, kann man auf 18 Quadratmetern Utensilien aus dem Leben von vor 100 bis 150 Jahren entdecken. Die schmucke Dorfkirche von 1731 mit dem geschwungenen, kupfergedeckten Helm und der offenen Laterne, überrascht mit gelegentlichen Kinovorführungen und in der Kulturscheune trifft man sich zu Trödelmarkt und Kunstausstellungen.

Für Feriengäste sind die Heubodenschlafplätze im Gästehaus »Alte Schule« ein ganz besonderer Spaß. Im Duft des frischen Heus schläft es sich besonders gut. Im Gegensatz dazu residiert es sich in den Ferienwohnungen im 1841 errichteten Schloss Rieth auf Gutsherrenart. Moderne Zimmer in historischem Gemäuer, ein Saal und eine Großküche sind Garanten für kleine Feierlichkeiten. Ein gepflegter Schlosspark direkt am Wasser bietet Individualisten Abgeschiedenheit in intakter Natur.

Im kleinen Naturhafen dümpeln ganz unaufgeregt Fischerboote und »Twee Gebroeders« laden donnerstags zu kulinarischen Erlebnistouren unter Segeln auf dem Neuwarper See ein. Die Schatztruhe an Bord ist gefüllt mit frischem Räucherfisch und leckeren regionalen Produkten.

Ein Ausflug zu Lande dagegen erschließt eine ganz andere regionale Köstlichkeit. Die Straußenfarm in Ahlbeck, wenige Kilometer südwestlich, verkauft zartes Straußenfleisch und -wurst. Im kleinen Shop werden auch Straußeneier, Staubwedel, Schmuck aus Eierschalen oder Seife aus Straußenfett angeboten. Mal etwas andere Souvenirs aus der Region.

Heimatgeschichte auf kleinstem Raum: das Museum in Rieth

Tipps Stettiner Haff

ANREISE:

Mit dem Auto: A20 bis Pasewalk Süd, weiter auf der B109 und L32 nach Ueckermünde

Mit der Bahn: mit dem Regionalexpress über Neubrandenburg

ÜBERNACHTEN:

Bungalowsiedlung am Mühlenberg, Tourismusverein,
Am Kamp 13, Mönkebude

Wohnmobilhafen, Stellplatz am Yachthafen, Am Hafen 30, Mönkebude

Ferienwohnung im Kulturspeicher, Bergstraße 2, Ueckermünde

Schloss Rieth,
Schlossallee 1, Rieth

TraumHaff, Dorfstr. 4, Rieth

Gästehaus Alte Schule,
Dorfstraße 16, Rieth

GASTRONOMIE:

Strandhalle, Am Strand 02, Ueckermünde

Futterkutter, Am Bollwerk, Ueckermünde

Twee Gebroeders, Kulinarische Segeltour, Naturhafen Rieth

KULTUR:

Heimatmuseum Fischerstube,
Am Kamp 13, Mönkebude

Heimatstube im Spritzenhaus,
Grenzstraße 3, Rieth

Kulturscheune,
Stieger Weg 1, Rieth

Kulturspeicher,
Bergstraße 2, Ueckermünde

Haffmuseum im Schloss, Am Rathaus 3, Ueckermünde

FREIZEITAKTIVITÄTEN:

Zeesbootsegeln mit Skipper Alwin Harder, Hafen Mönkebude

Botanischer Garten Christiansberg, Christiansberg 123, Luckow

Kaffeefahrten auf dem Floss, Uwes Bootsverleih, Am Bollwerk, Ueckermünde

Pommernkogge, Altes Bollwerk 7, Ueckermünde

WELLNESS:

Salzgrotte, Am Hafen 19, Mönkebude

Fasten nach der Buchinger-Methode, Gäste- und Gesundhaus Klatschmohn, Ahlbecker Weg 6, Rieth

SHOPPING:

Das einzigartige Lädchen, Ringstraße 5, Rieth

Straußenfarm, Dorfstraße 18c, Ahlbeck

WEITERE INFOS:

www.ueckermuende.de